KARL ERNST KELTER

Die GRÜNE Sprechstunde

Antworten auf die häufigsten Fragen des Hobbygärtners

Mit Illustrationen von Ushie Farkas-Dorner

Bassermann

Vorwort

Warum wirft meine Kamelie die Knospen ab? Gedeihen Kakteen auch in Hydrokultur? Wie pflege und überwintere ich meine Balkon- und Kübelpflanzen? Was kann ich gegen Schädlinge und Krankheiten unternehmen? Wo stehen Kräuter im Garten optimal? Wie gestalte ich meinen Zier- oder Nutzgarten? Die folgende grüne Sprechstunde liefert dem Hobbygärtner auf rund 500 wichtige Fragen aus der Pflanzen-Praxis kompetente Antworten. Außerdem: Grundwissen, viele illustrierte Praxis-Tips sowie ein grünes ABC mit den bekanntesten gärtnerischen Fachausdrücken.

Foto: Traum in Rosa: »Tamaya«-Begonie und Zimmer-Azaleen. Dazu ein anspruchsloser Zimmerwein. Eine attraktive Pflanzengesellschaft für helle, aber nicht sonnige Standorte.

Inhalt

Wissenswertes am Anfang

Foto: Gardenien, hier verschiedene Wuchsformen, sind einfach zu pflegen, wenn man ihre individuellen Wünsche an die Luftfeuchte berücksichtigt.

Ein grüner Daumen und eine Portion Pflanzenliebe sind immer gut. Dennoch: der Schlüssel zum Erfolg ist vor allem Wissen. Wer die arteigenen Bedürfnisse seiner grünen und blühenden Pflanzen kennt und über die wundersamen Wechselwirkungen der Lebenselemente Licht, Luft, Wasser und Nährstoffe nur ein wenig Bescheid weiß, tut sich bei der Pflege seines Zimmer- oder Hausgartens gleich um vieles leichter.

DIE WICHTIGSTEN WACHSTUMSFAKTOREN

Alle unsere Pflanzen brauchen neben fachkundiger Pflege bestimmte Voraussetzungen, um gut zu gedeihen und prachtvoll zu blühen. Man nennt diese Voraussetzungen auch Wachstumsfaktoren und sie heißen Licht, Luft, Wasser, Erde und Nährstoffe sowie Wärme und Kälte.

Licht wirkt sich positiv auf den Wuchs, die Färbung der Blätter und die Blühwilligkeit aus.

Luft, vor allem feuchte Luft, benötigen alle Pflanzen, die aus tropisch-warmen Regenwäldern oder kühl-feuchten Bergwäldern stammen, z. B. viele Bromelien und Orchideen. Trockenwarme Heizungsluft stellt für diese Pflanzen stets das größte Problem dar.

Wärme und Kälte können das Wachstum fördern oder hemmen, auch die Blühwilligkeit kann von der Temperatur abhängen, z. B. brauchen viele Orchideen als Blühimpuls absinkende Nachttemperaturen, und viele südliche Pflanzengäste im Kübel blühen nur nach langen Wärmeperioden.

Erde ist nicht nur zum Wurzeln wichtig, sie enthält auch die wichtigsten Nährstoffe. Wer die Beschaffenheit seines Gartenbodens nicht kennt, kann diesen analysieren lassen und durch Zugaben verbessern. Topfpflanzen gedeihen, bis auf einige Ausnahmen, in Einheitserde bzw. in im Handel erhältlichen Erden. Für Pflanzen mit Spezialansprüchen wie Kakteen, Sukkulenten, Rhododendron, Orchideen gibt es Spezialerden oder -substrate. Pflanzen in Hydrokultur wachsen in Blähton.

Wasser zählt zu den wichtigsten Lebenselementen aller Pflanzen. Für die meisten eignet sich ganz normales Leitungswasser, das nicht zu kalt (abstehen lassen) und zu hart sein darf. Zum Gießen besonders kalkempfindlicher Gewächse, z. B. von Hortensien, Kamelien, Orchideen, Rhododendron, sollte man das Wasser enthärten.

Wie häufig man wässern muß, hängt von artspezifischen Anforderungen, dem Standort und den Gefäßen ab. Generell gilt: Lieber einmal zu wenig und dafür durchdringend als einmal zu viel und dafür spärlich gießen.

Mehr Wasser brauchen Pflanzen:

▷ wenn sie wachsen,
▷ an warmen, vollsonnigen und windigen Standorten,
▷ in stark lehm- oder torfhaltigen Substanzen,
▷ in Terrakotta- und Tongefäßen.

Gegossen wird im Sommer morgens und/oder abends, im Winter nur abends. Wichtig: Staunässe vermeiden! Bei Pflanzen in Hydrokultur hilft der Wasserstandsanzeiger.

Dünger ist besonders für Pflanzen in Töpfen und Kübeln wichtig, da im begrenzten Gefäß nur begrenzt Nährstoffe zur Verfügung stehen. Für den Garten empfiehlt sich Kompost, das beste aller Dünge- und Bodenverbesserungsmittel.
Die wichtigsten Nährstoffe sind: Stickstoff (N), Kalium (K), Phosphor (P). Außerdem Magnesium (Mg) und Spurenelemente wie Eisen, Kupfer, Mangan, Zink, Bor und Molybdän. Als Faustregel gilt hier: Lieber öfter und niedrig dosiert als seltener und hochdosiert düngen. Zimmer-, Balkon- und Kübelpflanzen, die neu sind oder überwintert haben und im Frühjahr umgetopft wurden, soll man erst nach 6 Wochen bzw. bei Neuaustrieb düngen.
Es gibt verschiedene Formen von Dünger:

- ▷ mineralische Dünger in flüssiger, pulvriger oder fester Form. Sie enthalten die wichtigsten Nährstoffe und Spurenelemente in Form von wasserlöslichen Salzen, die sofort von den Pflanzen aufgenommen werden. Geeignet für: Balkonblumen, Kübelpflanzen, Ziergehölze, Gemüse und Kräuter in Kästen.
- ▷ Langzeitdünger sind ebenfalls Mineraldünger. Bei ihnen werden die Nährstoffe nur langsam freigesetzt, so daß man dieses Nährstoffdepot schon beim Eintopfen unter das Substrat mischen kann.
- ▷ mineralisch-organische Volldünger. Bei dieser Düngerform sind die Inhaltsstoffe nicht nur an Mineralien, sondern auch an organische Stoffe gebunden.
  Sie sind ebenfalls für Balkonblumen, Kübelpflanzen, Ziergehölze, Gemüse und Kräuter in Gefäßkultur geeignet.
- ▷ organische Dünger wie trockener Stallmist, Knochen- oder Blutmehl. Sie eignen sich nur für die Düngung im offenen Boden. Die darin enthaltenen Nährstoffe müssen zuerst von Mikroorganismen aufgeschlossen werden, bevor sie der Pflanze zur Verfügung stehen. Dafür fehlt es im Gefäß aber am nötigen Bodenleben.
- ▷ Hydrodünger. Ihn gibt es in Form von Nährlösungen oder Düngebatterien.

Auf den nächsten Seiten: Wichtige Pflege-Tips auf einen Blick.

TIPS & TRICKS

Pflanzen, die regelmäßig und fachmännisch gepflegt werden, bedanken sich dafür beim Hobbygärtner durch gutes Wachsen und Gedeihen.

Licht. Manche Blüten- und Grünpflanzen sind besonders lichthungrig. In dunklen Räumen verschaffen ihnen Pflanzenleuchten die nötige Helligkeit, die sie zum Gedeihen brauchen.

Luftfeuchte erhöhen. Pflanzgefäße auf Gitterrost in eine Schale mit Wasser stellen.

Wasser enthärten. Geht am schnellsten mit Enthärtungsmitteln. Dem Gießwasser zufügen.

Dränage im Kübel. Eine Schicht Blähton, Kies, Tongranulat oder Styropor verhindert Staunässe.

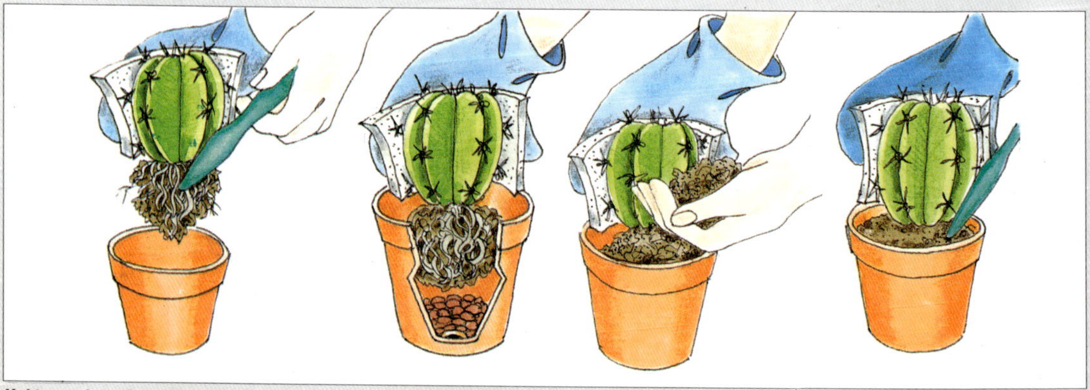

Kakteen eintopfen. Um sich an den Dornen nicht zu verletzen, hebt man den Kakteenkörper mit einem Styroporstreifen aus dem alten Topf. Dränage in den neuen Topf geben, etwas Erde einfüllen, Pflanze auf Mitte setzen, restliche Erde nachfüllen. Gießrand nicht vergessen!

Überwinterungsschnitt. Bei dunkler Überwinterung muß man viele Pflanzen stark beschneiden.

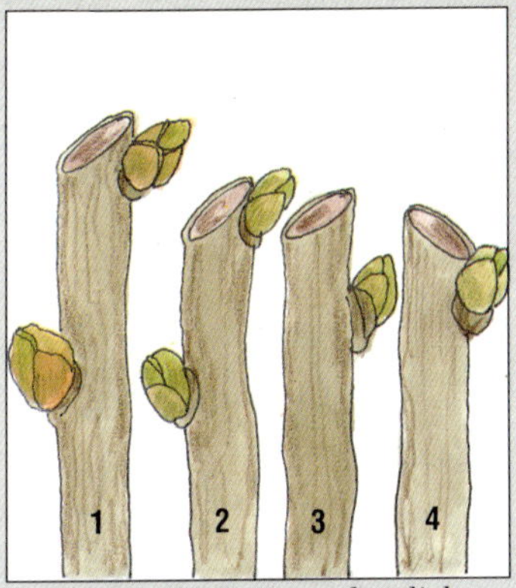

Richtig schneiden. Ein ordentlicher Schnitt ist wichtig. Stets steriles Werkzeug benutzen.

Schneiden. Bäume und Sträucher schneidet man gewöhnlich im Winter. Sich kreuzende oder nach innen wachsende Triebe entfernen. Rosen brauchen einen Frühjahrs- und Sommerschnitt. Bei Kletterpflanzen die letztjährigen Triebe bis auf kurze Stummel zurücknehmen.
Links: Eine Pflanze ist richtig geschnitten, wenn der Schnitt dicht über einer Knospe und von ihr weg erfolgt (**1**). Abstände zur Knospe nicht zu klein (**2**) oder zu groß lassen (**3**). Beispiel (**4**): Falscher Schnitt.

Beet- und Edelrosen. Triebe um 1/3 kürzen. Dicke Triebe länger lassen, dünne stärker einkürzen.

Hochstammrosen. Die Triebe müssen auf etwa 15 bis 20 cm zurückgeschnitten werden.

Strauchrosen. Nur verdorrte, zu dünne oder zu dicke Triebe auf 10 cm zurücknehmen.

Urlaubsbewässerung. Über Druckreduzierer erfolgt die Wasserzufuhr aus der Hauptleitung. Trockenheit schafft in den Keramikkegeln Saugspannung. Dadurch öffnet sich das Ventil und gibt Wasser ab.

Winterschutz für große Pflanzen. Schilf- oder Strohmatten schützen vor starkem Frost.

PFLANZEN-SCHUTZ

Krankheiten und Schädlinge verschwinden nur selten von allein. Dennoch muß man nicht unbedingt sofort die chemische Keule schwingen. Wichtig ist, seine Pflanzen öfter mal zu inspizieren. Im Anfangsstadium sind nämlich auch die sanften Methoden sehr erfolgreich. Nur in ganz hartnäckigen Fällen – und wenn es sich um besonders wertvolle Pflanzen handelt – sollte man zur Chemie greifen.

Physiologische Schäden machen Pflanzen am häufigsten zu schaffen und sind meist eine Folge von Pflegefehlern, z. B. falscher Standort, zu wenig oder zuviel Dünger, zu häufiges Gießen, verdichtete Erde, nicht eingehaltene Ruhezeiten.

Tierische Schädlinge können alle Pflanzen in Haus und Garten befallen. Die häufigsten sind: Blattläuse, Schildläuse, Thripse, Woll- und Schmierläuse, Weiße Fliege und Spinnmilben, auch Rote Spinne genannt.

Pilzkrankheiten entstehen meist durch für den Pilz günstige Temperaturverhältnisse oder über Infektionen durch benachbarte Pflanzen oder verschmutztes Handwerkszeug. Sie führen, wenn sie nicht sofort und wirksam bekämpft werden, rasch zum Absterben der Pflanze. Besonders gefährdet sind vor allem Jungpflanzen und durch Pflegefehler geschwächte Pflanzen.

Bakterien- und Virenerkrankungen sind eher selten und mit den heute zugelassenen Mitteln nicht zu bekämpfen. Man kann nur versuchen, die auftretende Krankheit durch Entfernen der befallenen Teile etwas einzudämmen. Ansonsten müssen infizierte Pflanzen sorgfältig von anderen isoliert bzw. entfernt und vernichtet werden – aber nicht via Kompost! Bakterien können mit dem Gießwasser eingeschwemmt, Viren durch Blattläuse, Weiße Fliege oder andere Schadinsekten verbreitet werden.

Die Bekämpfung von Krankheiten und Schädlingen erfolgt auf verschiedene Weisen:

▷ mechanisch, z. B. durch Absammeln oder Abwaschen der Schädlinge, durch Entfernen befallener Pflanzenteile oder durch Gelbtafeln, an denen Schadinsekten hängenbleiben.

▷ biologisch, z. B. durch Präparate, die synthetisches oder natürliches Pyrethrum enthalten, durch Lecithin gegen Echten Mehltau und Algenkalk gegen Blattläuse und Bodenälchen.

__Achtung:__ Natürliche wie synthetische Pyrethrum-Präparate sind sehr giftig, wenn sie durch Verletzungen in den Körper von Mensch und Tier gelangen. Da sie auch nützliche Insekten wie z. B. Bienen töten, setzt man sie nur abends ein.

- chemisch, durch chemische Mittel wie Insektizide (Insektenbekämpfungsmittel), Fungizide (Pilzbekämpfungsmittel) oder Akarizide (Milbenmittel). Sie müssen kindersicher aufbewahrt und strikt nach Vorschrift angewendet werden. Reste oder leere Packungen gehören in den Sondermüll. Beim Anwenden Handschuhe, eventuell Gesichtsmaske tragen. Mit einem Totenkopf oder T + = sehr giftig oder T = giftig bezeichnete Mittel besser überhaupt nicht einsetzen.

Alternative chemische Mittel sind: Spiritus-Seifenlösung (1 Eßl. Schmierseife oder einen Schuß Geschirrspülmittel in warmem Wasser auflösen, 1 Eßl. Spiritus und 1 l Wasser zugeben) oder Weißöl. Mit der Spirituslösung bepinselt man die durch Schädlinge befallenen Pflanzenteile (bei der Arbeit nicht rauchen!), das Weißöl wird gespritzt.

Kräuterzubereitungen wirken vorbeugend und sind auch oft im akuten Stadium hilfreich.

- Schachtelhalmbrühe hilft z. B. gegen Echten Mehltau sowie gegen Schorf- und Rostpilzbefall. Dazu 150 g getrockneten oder 500 g frischen Schachtelhalm (Zinnkraut) in 5 l Wasser 24 Stunden ziehen lassen. Dann etwa 30 Minuten köcheln, absieben und erhaltene Lösung 1:5 mit Wasser verdünnen.
- Ein Brennesselauszug kann unverdünnt gegen Blattlausbefall gespritzt werden. 500 g frische Brennessel (vor dem Blühen) in 5 l Wasser 24 Stunden ziehen lassen, absieben.
- Wermuttee wirkt gegen Blattläuse und Ameisen. 30 g getrocknete Pflanzenmasse mit heißem Wasser überbrühen und mit 10 Liter Wasser verdünnen.
- Knoblauchtee wird unverdünnt als Stärkungs- und Pilzbekämpfungsmittel sowie gegen Blattläuse gespritzt. Man zerdrückt eine mittlere Knoblauchzehe und übergießt sie mit 1 l kochendem Wasser. Vor der Anwendung abkühlen lassen.

Nutzinsekten zählen ebenfalls zur biologischen Bekämpfung. Eingesetzt werden: Schwebfliegen gegen Blattläuse, Florfliegen und Räuberische Gallmücken gegen Blattläuse in geschlossenen Räumen, Schlupfwespen gegen Weiße Fliege, Raubmilben gegen Spinnmilben, Australische Marienkäfer gegen Woll- und Schmierläuse.

Auf den nächsten Seiten: Die wichtigsten Schadbilder und Bekämpfungsmaßnahmen auf einen Blick.

TIPS & TRICKS

Gegen Krankheiten und Schädlinge muß man nicht gleich die chemische Keule schwingen. Mit sanften Mitteln und Methoden erzielt man oft bemerkenswerte Erfolge.

Schildläuse. Schildläuse saugen an Blattunterseiten, in den Blattachseln und am Wurzelhals der Pflanzen. Die Läuse sitzen unter braunen Schilden, die man bei geringem Befall höchstens von Einzelpflanzen abkratzen kann. Bei starkem Befall hilft Besprühen mit Präparaten auf Mineralölbasis oder Spritzen mit systemisch wirkenden Mitteln. Auf den Ausscheidungen der Schildläuse leben sehr häufig Rußtaupilze.

Weiße Fliege. Wie kleine Dreiecke sehen die Weißen Fliegen aus. Ihre Larven leben vom Pflanzensaft. Von befallenen Pflanzen breiten sich die Fliegen rasch weiter aus. Für Abhilfe sorgen Gelbtafeln, die neben der Pflanze aufgestellt werden. Es gibt auch spezielle Insektizide. Bewährt hat sich auch im Haus oder Treibhaus der Einsatz von Schlupfwespen. Wichtig: Die Temperatur absenken.

Oleanderkrebs. Wucherungen, krüppelige Blätter und Blüten zeigen die Erkrankung an. Leider gibt es dagegen keine Hilfe.

Schnecken. Zerfressene Blätter und Schleimspuren künden von Schneckenbefall. Tiere morgens und abends absammeln.

Blattläuse. Diese Schädlinge zählen zur größten Plage des Gärtners. Die Insekten, die grün, braun oder schwarz sein können, leben vom Saft der Blätter. Die Ausscheidungen der Läuse überziehen das Laub mit einem klebrigen Belag. Bei geringem Befall der Pflanzen hilft Abwaschen mit milden Seifenlösungen. Sonst wirken Spritzungen mit Brennesselauszug, mit Pyrethrumpräparaten oder speziellen Insektiziden.

Echter und **Falscher Mehltau.** Während der Echte Mehltau von der Oberseite in Blätter, Stengel und Blüten eindringt, kommt der Falsche Mehltau auf der Blattunterseite zum Vorschein und bedeckt sie mit blaugrauem Pilzrasen. Feuchtigkeit und Platzmangel fördern die Verbreitung. Befallene Pflanzenteile entfernen. Mit Schachtelhalmbrühe oder einem speziellen Fungizid aus dem Fachhandel gründlich spritzen.

Spinnmilben. Mit bloßem Auge erkennt man die winzigen Spinnmilben kaum. Aber man sieht zwischen und unter den Blättern ihre weißlichen Gespinste. Die Milben verursachen braune Flecken an den Blättern. Für Abhilfe sorgt mehrfaches Abbrausen der Pflanzen mit lauwarmem Wasser oder Einbinden in eine durchsichtige Folientüte für mehrere Tage. Luftfeuchte erhöhen, das mögen diese Schädlinge nicht gern.

Minierfliege. Dunkle, unregelmäßige Fraßgänge auf der Blattoberseite von Chrysanthemen und anderen Zierpflanzen werden von den Larven der Minierfliege verursacht. Die Pflanzen werfen vorzeitig ihr Laub ab. Befallene Blätter, in denen sich die Larven verbergen, entfernen. Haben sich die Schädlinge jedoch schon stark verbreitet, hilft mehrfaches Besprühen der Pflanzen mit einem speziellen Insektizid.

Dickmaulrüssler. Erwachsene Käfer fressen nachts am Pflanzenlaub, während ihre Larven Wurzelschäden verursachen. Für Abhilfe sorgt nächtliches Absammeln der Käfer von Hand. Auch die Larven aus den Wurzeln entfernen. Rainfarn- oder Wermuttee auf den Boden um die Pflanzen gießen. Durch häufiges Hacken werden die Larven gestört. Zu den natürlichen Feinden der Dickmaulrüssler zählen Igel und Spitzmäuse.

Sternrußtau an Rosen. Diese Pilzkrankheit erkennt man an den schwarzbraunen Flecken, die sich strahlenförmig auf den Blattoberseiten ausbreiten. Später kommt es zu Laubabwurf. Befallene Blätter entfernen und vernichten. Vorbeugend wirken Spritzungen mit Brennesseljauche oder Schachtelhalmbrühe. Bei starkem Befall ein spezielles Fungizid einsetzen. Spritzungen mehrmals in Abständen wiederholen.

Grauschimmel an Erdbeeren. Ihn erkennt man am braungrauen, pelzigen Belag auf Blättern und Früchten. Zu dichter Stand, feuchte Witterung und Überdüngung mit Stickstoff fördern die Ausbreitung des Grauschimmels. Kranke Pflanzenteile entfernen und vernichten. Nicht in den Kompost geben! Pflanzen trockener halten. Wasser auf den Blättern vermeiden. Bei starkem Befall Spezialfungizid einsetzen.

Monilia. Auf den Früchten befallener Obstbäume erkennt man kleine Faulstellen, die sich rasch ausbreiten. Später sind die Früchte mit gelbbraunen Ringen umgeben. Alle erkrankten Früchte sorgfältig entfernen und vernichten. Dürre Zweige müssen ebenfalls entfernt werden. Bei starkem Befall mit einem speziellen, insektenfreundlichen Fungizid in die Blüten spritzen, da die Infektion stets zur Zeit der Blüte erfolgt.

VERMEHRUNG

Jeder Hobbygärtner hat Freude daran, sich Pflanzennachwuchs selbst heranzuziehen. Außerdem spart man damit eine Menge Geld. Es gibt zwei Vermehrungsmethoden: Die geschlechtliche oder generative Vermehrung aus Samen sowie die ungeschlechtliche oder vegetative Vermehrung aus Pflanzenteilen.

Die generative Vermehrung erfolgt aus Samen. Man wendet sie bei einjährigen wie mehrjährigen Gewächsen an. Aus Samen vermehrt werden vor allem Sommer- und Balkonblumen, Gartengemüse, ein- und mehrjährige Küchenkräuter sowie viele Zimmerpflanzen. Was viele nicht wissen: Wenn man aus selbstgeerntetem Samen vermehrt, sehen die Nachkommen anders aus als die Elternpflanzen. Bei Samen aus der Tüte dagegen so wie abgebildet, weil dieser vorher selektioniert wurde.

Das Saatgut muß stets frisch sein, bei selbstgeerntetem Samen kein Problem. Samen in Tüten steckt oft in speziellen Tüten und der Hersteller gibt eine Keimschutzgarantie. Ein Tip: Hartschalige Samen keimen schneller, wenn man sie über Nacht in lauwarmes Wasser legt oder ihre Schale mit einem scharfen Messer vorsichtig etwas anritzt.

Die optimale Aussaatzeit ist in der Regel das Frühjahr. Wer ein geheiztes Frühbeet oder gar ein Gewächshaus besitzt, kann oft schon im Februar mit der Aussaat beginnen. Beim Säen darauf achten, ob eine Pflanze Licht- oder Dunkelkeimer ist (steht auf den Tüten). Lichtkeimer möchten überhaupt nicht oder nur sehr dünn mit Erde bedeckt werden, Dunkelkeimer brauchen eine dickere Erdschicht.

Die Keimzeiten sind bei allen Pflanzen anders. Wenn sich die ersten Keimblätter entwickelt haben, war die Keimung erfolgreich. Hat sich das zweite Blattpaar entfaltet, muß pikiert, das heißt ausgedünnt, werden. Dabei entfernt man zunächst die schwächsten Pflanzen. Die verbliebenen nimmt man mittels Pikierstab vorsichtig aus der Erde und setzt sie in ein vorbereitetes Pflanzloch in einem neuen Gefäß. Starkwüchsige Pflanzen werden später noch einmal in einen größeren Topf umgesetzt.

Die vegetative Vermehrung erfolgt durch einfaches Teilen oder dadurch, daß man bestimmte Pflanzenteile in Wasser oder Substrat bewurzelt. Eine weitere, für den Anfänger etwas schwierigere Vermehrungsmethode, ist das Abmoosen, wo durch einen Schnitt am Trieb eine Pflanzenneubildung angeregt wird. In der Regel werden Zwiebelblumen, mehrjährige krautige Pflanzen und Gehölze vegetativ vermehrt. Immer erhält man Nachkommen, die der Mutterpflanze aufs Haar gleichen.

Die wichtigsten der Vermehrung dienenden Pflanzenteile sind: Tochterpflanzen, Ausläufer, Kindel, Brutzwiebeln, Absenker, Kopf-, Stamm-, Trieb-, Teil- und Blattstecklinge, Steckhölzer und Wurzelteile.

Die Bewurzelung ist erfolgreich, wenn man absolut hygienisch arbeitet, also saubere Gefäße und Messer benutzt, und für Bodenwärme und gespannte Luft sorgt. Das Eintauchen der Schnittstellen in Bewurzelungshormon ist meist nur bei schwer zu bewurzelnden Stecklingen nötig, schadet aber auch nicht. Die gespannte Luft – sie soll verhindern, daß die grünen oberirdischen Teile des Stecklings zuviel Wasser verdunsten – erzielt man durch Überstülpen eines lichtdurchlässigen Plastikbeutels. Die erfolgreiche Bewurzelung zeigt sich dadurch an, daß der nunmehr bewurzelte Pflanzenteil frisch austreibt. Bei Wasserbewurzelung empfiehlt es sich, zur Hygiene ein Stück Holzkohle ins Wasser zu geben.

Vermehrungssubstrate oder Anzuchterden gibt es im Fachhandel. Kakteen und andere Sukkulenten zieht man in Quarzsand, dem etwas Torf beigemischt wurde, Hydropflanzen in einem feingekörnten Blähton.

Die Jungpflanzen-Pflege, egal, ob es sich um generativ oder vegetativ vermehrte Exemplare handelt, ist recht einfach. Die jungen Pflänzchen brauchen einen hellen, aber nicht sonnigen und warmen Platz. Ist der Untergrund, etwa eine Fensterbank aus kühlem Marmor, zu kalt, legt man ein Holzbrettchen, eine Styroporplatte oder eine elektrische Wärmematte unter die Anzuchtgefäße. Darauf achten, daß die Erde niemals austrocknet. Regelmäßiges Besprühen mögen Stecklinge und Sämlinge gern.

Auf den nächsten Seiten: Die wichtigsten Vermehrungsmethoden auf einen Blick.

TIPS & TRICKS

Mit Hilfe von ein paar Kniffen lassen sich die meisten Pflanzen problemlos und obendrein auch noch sehr kostengünstig vermehren.

Kopfstecklinge. Von blütenlosen, einjährigen Trieben schneidet man Kopfstecklinge, die 2 bis 4 Blattpaare haben müssen.

Teilstecklinge. Aus den mittleren und unteren Triebteilen der Mutterpflanze mit einem sauberen Messer schneiden.

Teilen. Mit einem scharfen Messer kann man ein Bubiköpfchen ganz teilen und so vermehren.

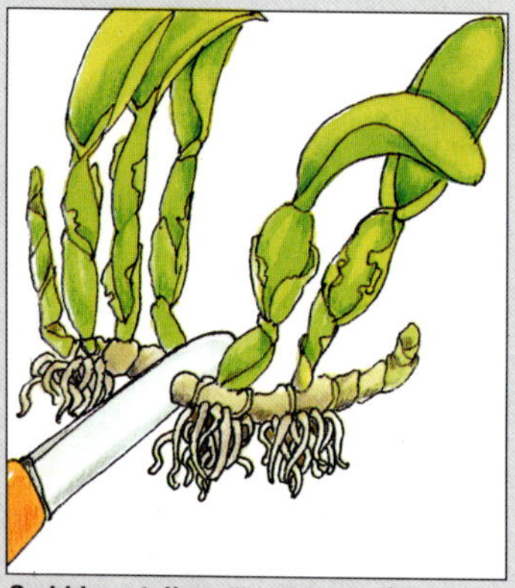

Orchideen teilen. Zur Vermehrung Pseudobulben teilen. Flächen gut mit Holzkohle einpudern.

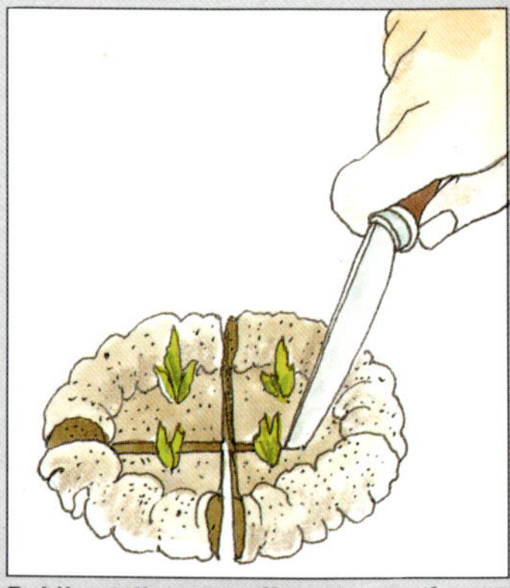

Dahlien teilen. Knolle mit sterilem Messer in Einzelstücke mit je einer Triebknospe schneiden.

Ableger. Die von den Pflanzen entwickelten Ableger lassen sich abschneiden und eintopfen.

Brutzwiebeln. Tochterzwiebeln, z. B. von Tulpen, kann man abnehmen und eintopfen.

Blattkakteen vermehrt man durch Sproßglieder, die vor dem Eintopfen abtrocknen sollten.

Schnellere Wurzelbildung. In Bewurzelungshormon getauchte Stecklinge wurzeln besser.

Gespannte Luft. Bewurzelungsfördernd wirken Folienbeutel, die eine extrem hohe Luftfeuchte erzeugen.

Vermehrung. Man unterscheidet die generative oder geschlechtliche Vermehrung aus Samen und die vegetative oder ungeschlechtliche Vermehrung durch Pflanzenteile. Zur besseren Bewurzelung taucht man die Schnittflächen von Stecklingen in ein Spezialhormon. Gut ist auch, sie an den Topfrand zu setzen, nicht in die Mitte. Ein über den Topf gestülpter Folienbeutel sorgt für »gespannte Luft«. Holzkohlestückchen desinfizieren das Bewurzelungswasser.

Wasserbewurzelung. Eine der einfachsten Vermehrungsmethoden ist die Bewurzelung in Wasser. Dazu eignen sich Blattstecklinge mit einem Stückchen Stengel, z. B. Begonien oder Usambaraveilchen, ebenso wie blütenlose einjährige Kopfstecklinge, z. B. vom Oleander. Zur Desinfektion gibt man Holzkohlestückchen ins Wasser.

Säen. Aus der leicht geknickten Tüte werden die Samenkörner auf das Substrat gestreut.

Pikieren. Mit einem Stab hebt man die jungen Pflänzchen vorsichtig aus dem Erdboden.

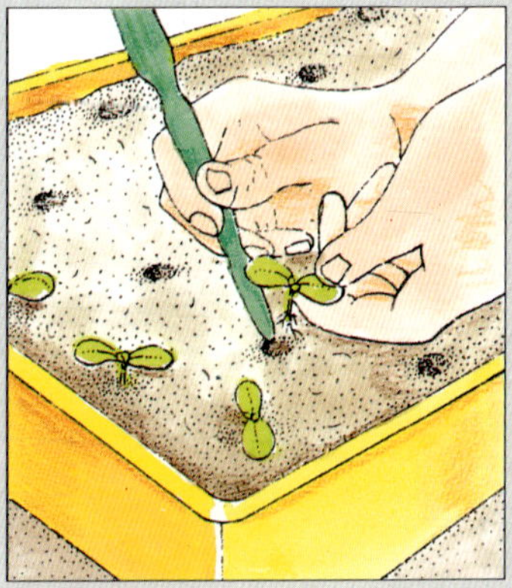

Einpflanzen. Um Austrocknen zu vermeiden, Pflanzen sofort in vorbereitete Pflanzlöcher setzen.

DAS GRÜNE ABC

A

Abhärten: Langsames Gewöhnen der Pflanzen an andere Wärme- oder Lichtbedingungen.
Ableger: Vegetativ vermehrte Pflanzen.
Auge: Noch nicht entwickelte Triebknospen.
Ausläufer: Von Wurzelhals oder Stengelbasis unter- oder oberirdisch wachsende Seitentriebe, an denen sich bewurzelte Jungpflanzen bilden.
Austrieb: Bezeichnung für das Entstehen neuer Triebe.

B

Bewurzelungshormon: Pulver, flüssige oder pastenförmige Mittel, die zur besseren Bewurzelung von Stecklingen dienen.
Buntblättrigkeit: Pflanzen mit weißen, gelben, violetten oder anders gefärbten oder gezeichneten Blättern.
Busch: Strauchartige, von Grund auf verzweigt wachsende Pflanzen.

C

Containerpflanze: Pflanze, die in Behältern angezogen und verkauft wird.

D

Dränage: Künstliche Entwässerung. Sie verhindert gefährliche Staunässe.
Dünger: Wichtige Nährstoffe für die Pflanze, z.B. Stickstoff (N), Phosphor (P), Kalium (K). Es gibt mineralische, organische und mineralisch-organische Düngemittel.
Dunkelkeimer: Pflanzen, deren Samen nur bei Dunkelheit keimen.

E

Einheitserde: Gemisch aus 60 bis 80 Prozent Weißtorf und 20 bis 40 Prozent Untergrundton, dem verschiedene Nährsalze und Langzeitdünger zugegeben werden.
Einjährige: Pflanzen mit nur zwölfmonatiger Lebensdauer.
Einziehen: Das langsame Austrocknen bzw. Absterben von oberirdischen Pflanzenteilen, das die Ruhezeit ankündigt.
Entspitzen: Das Entfernen von Triebspitzen, um Verzweigung von unten zu erzielen.

F

Frostkeimer: Pflanzen, deren Samen durch Einwirkung von Frost bzw. durch Temperaturschwankungen zwischen -2 Grad und +4 Grad Celsius gut keimen.

G

Generative Vermehrung: Geschlechtliche Pflanzenvermehrung durch Samen.
Gespannte Luft: Bezeichnung für extrem hohe Luftfeuchtigkeit, die man zur besseren Keimung mit einer Folie oder Glasplatte erzielt.

H

Hochstamm: Durch Kulturmaßnahmen erzwungene baumartige Wuchsform, bei der den Pflanzen so lange alle Seitentriebe entfernt werden, bis die gewünschte Höhe erreicht ist.
Hybride: Produkt der Kreuzung von Pflanzen verschiedener Varietät, Art oder Gattung.

I

Immergrüne: Pflanzen, die ihre Blätter nicht im Herbst abwerfen.
Insektizid: Pflanzenschutzmittel zur Bekämpfung von Insekten.

K

Kalkflieher: Pflanzen, die Kalk in Gießwasser oder Erde nicht gut vertragen.
Kallus: Von der Pflanze nach Verletzung gebildetes wundverschließendes Gewebe.
Kopfsteckling: Von der Triebspitze geschnittener Steckling.

L

Lichtkeimer: Pflanze, deren Samen nur bei Licht keimen.

N

Nutzinsekten: Bezeichnung für Insekten, die Schädlinge beseitigen.

P

Pflanzenschutzmittel: Chemikalien, die dem Pflanzenschutzgesetz entsprechen, zur Bekämpfung von Schädlingen und Krankheiten.
pH-Wert: Er gibt die Wasserstoffionen-Konzentration an. Ausgedrückt wird er in Zahlen zwischen 1 und 14. 7 ist neutral, alles darüber bedeutet alkalische, alles darunter saure Reaktion.
Pikieren: Vereinzeln von Jungpflanzen aus dem Anzuchtbeet in einzelne Töpfe.
Pyrethrum: Aus ChrysanthemumArten gewonnenes natürliches Insektizid, das rasch abgebaut wird. Bienenungefährlich. Es soll nicht in offene Wunden geraten!

R

Rhizom: Meist waagrecht wachsender unterirdischer Wurzelstock, aus dem im Frühjahr neue Triebe hervorwachsen.
Rückschnitt: Maßnahme, um Pflanzen zu verjüngen, zu buschigem Wachstum oder zu neuem Austrieb zu veranlassen.
Ruhezeit: Die in unseren Breiten meist in Herbst oder Winter fallende Periode, in der die Pflanzen nicht mehr wachsen, keine Blätter oder Triebe mehr ausbilden.

S

Sproß: Andere Bezeichnung für Trieb.
Stammsteckling: Stammstück, das man zur Vermehrung benutzen kann.
Staude: Mehrjährige, krautige Pflanze, die sich Jahr für Jahr aus unterirdischen oder dicht über der Oberfläche liegenden Teilen regeneriert.
Staunässe: Entsteht, wenn Wasser mangels Dränage nicht ablaufen kann. Für fast alle Pflanzen tödlich.
Steckhölzer: Zur Vermehrung mancher Pflanzen geeignete, verholzte Triebstücke.
Sukkulenten: Pflanzen, die in Blättern, Stämmen oder Wurzeln Wasserspeicher ausgebildet haben.
Systemische Pflanzenschutzmittel: Chemikalien, die über Blätter oder Wurzeln in die Pflanzen dringen, sich verteilen. An solchen präparierten Pflanzen fressende oder saugende Schädlinge werden abgetötet.

T

Teilen: Für Pflanzen mit mehreren Sprossen geeignete Vermehrungsmethode.

V

Vegetationspunkte: So nennt man die Wachstumspunkte der Triebspitzen, Wurzelspitzen und Knollen.
Vegetationszeit: Andere Bezeichnung für Wachstumsoperiode.
Vegetative Vermehrung: Ungeschlechtliche Vermehrung durch Pflanzenteile, Wurzeln, Sprosse oder Blätter.
Volldünger: Dünger, der alle für die Pflanzen wichtige Nährstoffe und meist auch Spurenelemente enthält.

W

Winterhart: Bezeichnung für Pflanzen, die in gemäßigten Gebieten auch ohne besonderen Schutz den Winter überstehen können.
Winterschutz: Verschiedene Methoden, z.B. Umhüllen mit Matten oder Stroh, um nicht vollständig winterharten Pflanzen das Überwintern im Freien zu ermöglichen.
Wurzelhals: Meist empfindlicher Übergang von Wurzel zum oberirdischen Pflanzenteil.

Z

Zweijährige: Pflanzen, die im ersten Jahr nur Blätter, im zweiten Jahr Blüten und Früchte bilden, um danach abzusterben.
Zwiebel: Verdickter unterirdischer Sproß, der mit fleischigen Schuppen bedeckt ist. Die Zwiebel dient der Pflanze als Speicherorgan.

Fragen und Antworten zu Zimmerpflanzen

Foto: Schwertfarn und Frauenschuh können gut zusammen auf der Fensterbank gehalten werden. Beide benötigen Wärme und hohe Luftfeuchte.

Unsere Zimmerpflanzen sind Gäste aus Regionen mit anderen Temperatur- und Lichtverhältnissen als bei uns. Obwohl jeder Pflanzenfreund versucht, ihre heimatlichen Verhältnisse weitestgehend nachzuempfinden und sehr viele Pflanzen ausgesprochen nachsichtig auf Pflegefehler reagieren, gibt es immer wieder kleine und größere Probleme, besonders im und nach dem Winter. Auf den nächsten Seiten finden Sie die wichtigsten Fragen und ihre Lösungen.

WEG-WEISER

Fragen zum Pflanzen und Pflegen

Fragen zur Vermehrung

Fragen zum Pflanzenschutz

Foto: Die Birkenfeige (Ficus benjamina) steht in der Beliebtheitsskala der Zimmerpflanzen an erster Stelle. Dieses Arrangement beherbergt neben zwei farbenfrohen Kroton-Exemplaren noch den zierlichen Kletterficus (Ficus pumila).

1 Ein herrlicher Philodendron gedeiht fast zu gut. Er wächst und wächst. Darf man ihn stutzen?

Wenn sich der Baumfreund *(Philodendron)* wohlfühlt, treibt er oftmals sehr üppig. Aber keine Sorge, man kann die Pflanze gefahrlos zurückschneiden, wenn sie zu hoch wird. Die Triebspitze wird einfach in der gewünschten Höhe abgenommen und kann in Wasser bewurzelt werden. Der Baumfreund liebt erhöhte Bodenwärme und ist für ausreichende Luftfeuchte dankbar.

2 Eine Birkenfeige verliert Blätter und welkt stark. Woran kann das liegen?

Mit Einsetzen der kürzeren Tage verlieren fast alle Birkenfeigen einige Blätter. Ursache ist der täglich zunehmende Lichtentzug. Starker Laubfall geht jedoch meist auf eine gestörte Wasserführung zurück. Wenn die Birkenfeige *(Ficus benjamina)* über einen längeren Zeitraum nur sehr sparsam gegossen wurde und dann plötzlich reichlich Wasser bekommt, können die Zellen platzen. Zu retten ist die Pflanze, wenn man sie in einen größeren Kübel umtopft und danach eine Nacht in einen Eimer mit Wasser stellt. Anschließend wieder normal gießen.

3 Eine Brunfelsie verliert nach und nach ihre Blüten. Woran liegt das?

Der Blütenabwurf der Brunfelsie *(Brunfelsia)* geht wahrscheinlich auf einen Schock durch zu kaltes Gießwasser zurück. Diese Pflanzen sollte man stets nur mit weichem und warmem Wasser gießen. Von März bis September höhere Wassergaben, danach knappere. Bei trockener Zimmerluft sollte man die Brunfelsie öfter einsprühen.

4 Immer mehr Blätter eines Buntblattes welken. Stirbt die Pflanze trotz guter Pflege ab?

Der Vorgang ist normal. Im Herbst zieht das Buntblatt *(Caladium)*, auch Buntwurz oder Kaladie genannt, seine Blätter ein. Nur die Knolle wird überwintert. Man läßt sie bis zum Neuaustrieb in der alten Erde. Zum Jahresanfang soll man sie dann in Einheitserde neu eintopfen und feucht, hell, aber warm aufstellen.

5 Eine Cattleya, die sonst gesund wirkt, treibt üppig Blätter, aber keine Blüten. Welche Ursache hat das?

Der Grund, weshalb die Cattleya *(Cattleya)* keine Blüten treibt, ist ihr zu warmer Standort. Wenn der Trieb ausgereift ist, will die Pflanze weniger Wasser, vor allem aber einen kühlen Standort. Im Winter reichen 14 bis 18 Grad Celsius.

6 Die Blattspitzen eines Drachenbaumes beginnen plötzlich braun zu werden. Was ist zu tun?

Wenn die Blattspitzen des Drachenbaumes *(Dracaena)*, auch Drachenlilie genannt, plötzlich braun werden, liegt das mit Sicherheit an zu trockener Zimmerluft (Heizung) oder an Fehlern beim Gießen. Die Dracaena liebt gleichmäßige Feuchtigkeit, reagiert aber sofort auf Staunässe und ebenso auf einen zu trockenen Wurzelballen.

7 Die Triebe einer Feuerroten Rochee wuchern, die Pflanze vergeilt. Weshalb?

Die Ursache für das Vergeilen der Pflanze liegt entweder an einem zu warmen oder zu dunklen Standort während der Wintermonate. Die Rochee *(Crassula coccinea)* will im Winter hell, aber kühl stehen (etwa 10 Grad Celsius reichen). Fast trocken halten.

8 Die Knospen eines Frauenschuhs beginnen zu faulen. Was ist der Grund?

Staunässe ist die Ursache dafür, daß die Knospen des Frauen- oder Venusschuhs *(Paphiopedilum)* faulen. Diese schöne Orchidee soll man immer erst dann wieder gießen, wenn die Erde abgetrocknet ist. Im Winter mäßiger mit Wasser versorgen.

9 Woran liegt es, daß an einem Frauenhaarfarn die Blätter verdorren?

Verdorrte Blätter am Frauenhaarfarn *(Adiantum)* lassen auf Ballentrockenheit schließen. Die Pflanze braucht das ganze Jahr über einen gleichmäßig feuchten Erdballen. Bitte nur mit weichem Wasser gießen. Aber kein kaltes Gießwasser verwenden! Die Pflanze sollte öfter besprüht werden. Vor allem natürlich während der Heizperiode im Winter, das schafft die nötige Luftfeuchte.

10 Im Vorjahr hat das hübsche Glanzkölbchen herrlich geblüht. Im Jahr darauf aber nicht. Weshalb?

Es handelt sich um einen Fehler beim Überwintern. Das Glanzkölbchen *(Aphelandra)* kommt nur dann wieder zu neuer Blüte, wenn man es den Winter über acht bis zehn Wochen kühl – um 10 Grad Celsius – und möglichst hell stellt. Die Erde stets leicht feucht halten.

TIP

Beim Frauenschuh zeigt die Blattfarbe an, was die Pflanze mag: Einfarbige grüne Blätter bedeuten: feucht und kühl, buntmarmoriertes Laub heißt: feucht und warm.

11 Die als robust geltende Grünlilie bekommt plötzlich braune Blattspitzen. Was ist der Grund dafür?

Das Braunwerden hat entweder mit zu hohen oder zu geringen Wassergaben zu tun. In beiden Fällen reagiert die sonst ziemlich pflegeleichte Grün- oder Graslilie *(Chlorophytum comosum)* gleich. Die Pflanze will ganzjährig gleichmäßig feucht gehalten werden. Aber Staunässe vermeiden.

12 Die prächtige Kamelie trug bereits zahlreiche Knospen. Der Kummer war groß, als auf einmal alle abfielen. Warum?

Empfindlich ist sie schon, die Kamelie *(Camellia)*. Wenn man die Pflanze von ihrem Standort fortbewegt oder auch nur dreht, nachdem sie Knospen angesetzt hat, läßt sie diese sogleich fallen. Ebenso reagiert sie auf Trockenheit, zu kaltes oder zu hartes Wasser und auf Staunässe.

13 Eine Känguruhpfote will einfach nicht blühen. Was wurde bei der Pflege falsch gemacht?

Die aus dem sonnigen Südaustralien stammende Känguruhpfote *(Anigozanthos flavidus)* braucht sehr viel Helligkeit und Wärme. Bekommt sie beides nicht, setzt sie kaum oder gar keine Blüten an. Auch im Winter braucht die Pflanze viel Licht, dafür aber nur Temperaturen um 15 Grad Celsius. Die Pflanzen, die in der dunklen Jahreszeit in einem hellen Wintergarten, Gewächshaus oder unter Pflanzenleuchten stehen, setzen problemlos Blüten an.

14 Woran liegt es, wenn eine Kanonierblume häßlich wird und von unten her völlig verkahlt?

Die Kanonierblume *(Pilea)* neigt dazu, von unten zu verkahlen, wenn sie nicht das ganze Jahr über warm und hell steht. Im Winter braucht die Pflanze Kunstlicht. Wer diese Bedingung nicht erfüllen kann, sollte rechtzeitig Nachwuchs aus Stecklingen ziehen.

15 Eine herrliche Kentia-Palme wird immer mickriger. Dabei wird sie regelmäßig gegossen. Was wird falsch gemacht?

Viele Hobbygärtner meinen es zu gut mit dem Gießen. Die Kentia-Palmen (*Howeia forsteriana* und *H. belmoreana*) wollen nur mäßige Wassergaben. Schädlich ist für diese Pflanze Staunässe, die zu Wurzelfäulnis führt. Geradezu tödlich ist es, in das »Herz« der Palmen zu gießen. Am besten immer nur dann gießen, wenn das Erdreich oben abgetrocknet ist. Bei Fußbodenheizung darf man ruhig durchdringend wässern. Überschuß aber abgießen.

TIP

Vorsicht! Nie in das Herz einer Palme gießen, sonst fault dieser empfindliche Bereich und die Pflanze stirbt.

Foto: Palmen gedeihen in Erd- wie in Hydrokultur gleich gut, hier drei junge Exemplare der Goldfrucht-, Berg- und Fischschwanzpalme. Alle drei genannten Arten kommen mit trockener Heizungsluft schlecht zurecht.

16 Eine Keulenlilie kümmert stark. Beim Herausnehmen aus dem Topf zeigte sich, daß die Wurzeln zu faulen begannen. Was ist der Grund dafür?

In einem solchen Fall ist immer ein Gießfehler die Ursache. Die Keulenlilie *(Cordyline fruticosa)* verträgt partout keine Staunässe. In diesem Fall faulen die fleischigen Wurzeln sofort. Falls es noch nicht zu spät ist, sollte man die befallenen Stellen vorsichtig abschneiden und mit Holzkohle bepudern. Dann wieder neu eintopfen und nur leicht feucht halten.

17 Die langen Triebe einer Kolumnee verkahlen auf einmal. Woran liegt das?

Als Ampelpflanze ist die Kolumnee *(Columnea)* mit ihren hübschen orange- oder rotfarbenen Blüten sehr beliebt. Zu trockene Zimmerluft während der Heizperiode bekommt der tropischen Pflanze, die hohe Luftfeuchte gewohnt ist, aber überhaupt nicht. Darum öfter mit weichem, zimmerwarmem Wasser sprühen. Aber Vorsicht: Nie in die Blüten!

18 Eingerollte Blätter zeigen, daß eine Korbmarante kümmert. Woran kann das wohl liegen?

Trockene Heizungsluft verträgt die aus luftfeuchten Regenwäldern stammende Korbmarante *(Calathea)* überhaupt nicht. Um ihre Verdunstungsflächen zu verkleinern, reagiert sie mit Einrollen der Blätter. Abhilfe schafft man durch Erhöhen der Luftfeuchtigkeit, indem man die Pflanze öfter mit enthärtetem, zimmerwarmem Wasser einsprüht oder in luftfeuchtespendendes Material einfüttert.

19 Die wunderschönen und farbigen Blätter eines Krotons verblassen nach und nach. Weshalb wohl?

Wenn der Kroton oder Wunderstrauch *(Codiaeum)* seine Farben verliert, liegt das daran, daß ihm Licht in ausreichendem Maß fehlt. Heller stellen, aber direkte Sonneneinstrahlung vermeiden.

20 Ein Kußmäulchen treibt nicht recht aus. Wie läßt sich das beheben?

Um ein Kußmäulchen *(Hypocyrta)* dazu anzuregen, neue Triebe und Blüten anzusetzen, muß man die Pflanze nach der Blüte einkürzen. Im Frühjahr in Einheitserde mit Styroporflocken umtopfen.

21 Die Blätter einer Lanzenrosette werden braun. Was ist die Ursache dafür?
In diesem – wie in so vielen Fällen – hat es der Hobbygärtner zu gut mit dem Gießen gemeint. Die Folge: Die Lanzenrosette *(Aechmea)* beginnt zu faulen. Von April bis Oktober mäßig mit weichem Wasser in den Trichter gießen. Ab November sparsame Wassergaben.

22 Ein Losbaum bekommt fleckige Blätter. Woran kann das wohl liegen?
Der Losbaum *(Clerodendrum)*, auch Liebe in Unschuld genannt, mag keine »kalten Füße« und reagiert auf Verdunstungskälte im Wurzelbereich mit Blattflecken. Auf kalten Fensterbänken Wärmematte oder isolierende Styroporplatte unterlegen. Im übrigen braucht diese hübsche Pflanze viel Luftfeuchtigkeit. Beim Gießen nicht übertreiben.

23 Die unteren Blätter einer Madagaskarpalme fallen ab. Woran liegt das?
Wenn die Madagaskarpalme *(Pachypodium)* nach und nach ihre (oft schwarz verfärbten) Blätter abwirft, kann das an zuviel Nässe oder an zu großer Trockenheit liegen. Handelt es sich aber nur um die unteren Blätter, so gehört das zum normalen, arteigenen Verhalten. Pflanze im Winter kaum gießen.

24 Abends rollt die Marante ihre Blätter ein. Aber weshalb macht sie das neuerdings auch am hellen Tag?
Wenn die Marante, auch Pfeilwurz *(Maranta)* genannt, sich auf die Nacht vorbereitet, so rollt sie ihre Blätter ein. Diese »Schlafstellung« ist typisch. Tagsüber deuten eingerollte Blätter auf Trockenheit der Luft oder im Wurzelballen hin. Am besten täglich mit weichem Wasser sprühen und Ballen mäßig feucht halten.

25 Eine kostbare Medinille kränkelt offensichtlich. Sie zeigt Wuchsstörungen. Weshalb?
Die schöne Medinille *(Medinilla magnifica)* muß immer gleichbleibend feucht gehalten werden. Nie mit hartem oder kaltem Wasser gießen! Wuchsstörungen treten dann auf, wenn die Pflanze »kalte Füße« hat, aber auch, wenn sie in zu trockener Luft gehalten wird. Ideale Standorte für die Medinille sind ein warmes Blumenfenster oder Gewächshaus.

26 Die oft fälschlich als Blüten bezeichneten Hochblätter einer Neoregelie verkümmern. Was liegt da vor?
Die echten, aber ziemlich unscheinbaren Blüten der Neoregelie *(Neoregelia)* halten nicht sehr lange. Die herrlichen roten Herzblätter erfreuen den Hobbygärtner dagegen etliche Monate. Aber wenn sie dann

TIP
Vor empfindlicher Kälte von unten kann man seine Pflanzen dadurch schützen, daß man den Topf auf eine heizbare Wärmematte stellt. Oft reicht aber auch eine preiswertere Isolierschicht: Ein Holzbrett oder eine Styroporplatte.

schließlich eingehen, heißt das, daß bald auch die ganze Pflanze abstirbt. Das ist bei Bromelien, zu denen die Neoregelien gehören, ganz normal.

27 Der Osterkaktus hatte zahlreiche Knospen. Plötzlich fielen sie alle ab. Was war die Ursache?

Der Osterkaktus *(Rhipsalidopsis-Hybriden)* läßt immer dann die Knospen fallen, wenn er zu kühl oder zu dunkel steht. Die Pflanze liebt nämlich einen relativ hellen und warmen Standort. Besprühen tut ihr gut. Von November bis Januar wenig gießen und während der Ruheperiode für zwei Monate kühl (etwa 10 bis 12 Grad Celsius) halten.

28 Eine Yucca verliert ihre unteren Blätter. Liegt ein Pflegefehler vor?

Die Palmlilie *(Yucca)* ist eigentlich recht unempfindlich gegen Krankheiten oder Schädlinge. Das Abwerfen der unteren Blätter ist ein natürlicher, aber harmloser Vorgang bei dieser Pflanze, die immer die unteren »Blattetagen« abwirft, um einen Stamm zu bilden.

29 Ein Schiefblatt verliert die Blätter. Gegossen wird regelmäßig. Woher rührt der Blattfall?

Schiefblätter oder Blattbegonien *(Begonia)* wollen hell, aber nicht zu sonnig und ganzjährig warm gehalten werden. Stimmen diese Standortbedingungen nicht, dann kann es zum Blattfall kommen. Normalerweise treiben die Pflanzen jedoch im folgenden Jahr wieder gut aus, wenn die Pflegefehler behoben sind.

30 Eine als widerstandsfähig geltende Schusterpalme kränkelt. Woher kann das kommen?

Die Schuster- oder Metzgerpalme *(Aspidistra elatior)* gilt in der Tat als robuste Pflanze. Allerdings reagiert sie sehr empfindlich auf Staunässe! Das führt rasch zum Faulen der Wurzeln. Darum sollte man die Pflanze im Sommer mäßig gießen, im Winter dagegen fast trocken halten.

31 Die sonst gesund wirkende Spitzblume setzt kaum Blüten und nur wenig Beeren an. Was ist nur los?

Man kann den Blüten- und Beerenansatz bei der Spitzblume *(Ardisia crenata)* dadurch erheblich fördern, daß man der Pflanze vor ihrer Blütezeit (Mai/Juni) eine hohe Luftfeuchtigkeit verschafft. Am einfachsten ist es, öfter zu sprühen.

TIP

Die meisten Zimmerpflanzen erhalten bei aufgedrehter Heizung nicht die erforderliche Luftfeuchte von 60 bis 70 Prozent. Mit direktem Sprühen läßt sich das etwas ausgleichen. Allerdings: Nie auf die Blüten sprühen!

Foto: Ananasarten, hier die Zierananas (Ananas comosus), sind dekorative Zimmerpflanzen, die wegen der scharfen, spitzen Blattränder aber einen großen Platzbedarf haben. Am besten Arten mit nur 20–30 cm großen Blattrosetten wie Ananas nanus kaufen.

32 Eine Strauchbegonie verkahlt auffallend. Was ist dagegen zu tun?

Das häßliche Verkahlen der Strauchbegonien *(Begonia)* läßt sich nur verhindern, wenn man die Pflanze immer wieder entspitzt. Guten Wuchs und schönes Aussehen erhält man, wenn man im Frühjahr seine Pflanze zurückschneidet und ihr im Sommer einen Formschnitt gibt. Schnittstellen mit Holzkohle bestäuben, um Infekten vorzubeugen!

33 Die Washingtonie machte zunächst viel Freude. Dann wurden auf einmal die Blattspitzen braun. Woran liegt das nur?

Braune Blattspitzen kommen bei nahezu allen Palmen vor, die man im Zimmer hält. Ursache ist die trockene Luft. Die Washingtonie *(Washingtonia)* verträgt darüberhinaus warme Temperaturen im Winter schlecht. Da sie ohnehin für Zimmerkultur zu groß wird, ist ein luftiger, heller, im Sommer warmer und im Winter 10 Grad Celsius kühler Platz, z. B. im Wintergarten, der ideale Standort.

34 Eine Ruellie kümmert stark. Sie will einfach nicht richtig gedeihen. Was liegt vor?

Die oft als Ampelpflanze gehaltene Ruellie *(Dipteracanthus)* liebt das ganze Jahr über einen hellen und warmen Standort bei hoher Luftfeuchtigkeit. Wenn die Pflanze nicht mit lauwarmem Wasser gegossen wird oder das Erdreich zu naß ist, kommt es zu Wachstumsstörungen.

35 Die vorschriftsmäßig gepflegte Wüstenrose trägt fast keine Blüten. Was ist nur los?

Die am meisten im Handel erhältliche Wüstenrose *(Adenium obesum)* wird künstlich auf einen Oleanderstamm aufgepfropft. Die Pflanzen wachsen dann kräftiger. Während der Wachstumsperiode kann man abwechselnd Blumen- und Kakteendünger (alle 14 Tage) ins Gießwasser mischen. Dann blühen die hübschen Pflanzen viel williger.

36 Zunächst hat die Zierananas wunderschön geblüht. Aber nun sieht es so aus, als ginge sie ein. Was kann man tun?

Leider liegt es in der Natur der Zierananas *(Ananas comosus)*, daß sie eingeht, nachdem sie einmal geblüht hat. Eine gut gepflegte Pflanze wird aber durch Bildung von Kindeln für Nachwuchs gesorgt haben, der nach zwei bis vier Jahren blühfähig ist.

Foto: Dattelpalmen wie Phoenix canariensis oder Phoenix dactylifera sind relativ pflegeleichte Palmenarten, brauchen aber viel Platz auf der Terrasse oder am Überwinterungsort, der hell sein muß.

47 Läßt sich aus einem Kern eine neue Dattelpalme ziehen?

Mit einigem Glück gelingt das durchaus. Entweder man kauft im Fachhandel Samen von *Phoenix roebelenii* oder *Phoenix canariensis*, der Kanarischen Dattelpalme, oder man versucht es mit dem Kern einer frischen Dattel, Phoenix dactilyfera, von dem man das Fruchtfleisch sorgfältig entfernt hat. Man legt den Kern zum Vorweichen in lauwarmes Wasser (ein bis zwei Tage). Danach tupft man ihn ab und ritzt ihn mit einem scharfen Messer seitlich etwas an. Aber Vorsicht, daß man sich dabei nicht selbst schneidet! Das Anritzen soll bewirken, daß der Keim leichter aus der harten Schale gelangen kann. Danach topft man den Samen ein, gießt leicht an und stülpt eine Plastiktüte über den Topf – falls kein beheiztes Vermehrungsbeet zur Verfügung steht. Und dann braucht man sehr viel Geduld, bis sich endlich ein grasartiger Halm zeigt, aus dem sich die neue Palme entwickelt. Die Keimdauer bei Phoenixpalmen dauert Wochen bis Monate. Die Tüte bei erfolgreicher Keimung entfernen. Datteln wird man allerdings von dieser Palme nicht ernten können, aber das ist ja auch nicht der Sinn bei der Heimkultur. Dem Hobbygärtner geht es nur um die schöne Pflanze an sich. Allerdings wird die Palme, wenn sie denn einmal gut angegangen ist, relativ rasch sehr üppig. Für kleinere Räume sind diese Pflanzen deshalb kaum geeignet. Wohl aber als dekorativer Schmuck für Glasveranden, geräumige Eingangshallen oder Wintergärten, wo sie sich in Kübeln ausgezeichnet machen.

48 Die stark rankende Goldtrompete soll zurückgeschnitten werden. Kann aus dem Schnittgut Nachwuchs gezogen werden?

Nach der Blüte im Frühjahr oder im Herbst kann man die Goldtrompete *(Allamanda cathartica)* zurückschneiden. Vermehrt wird die Pflanze ebenfalls im Frühjahr oder im Herbst durch Kopfstecklinge. Sie werden eingetopft und wachsen gut an, wenn man für die erforderliche Bodenwärme von etwa 25 Grad Celsius sorgt.

49 Wie vermehrt man die Henne mit Küken?

Der landläufige Name Henne mit Küken *(Tolmiea menziesii)* deutet bereits darauf hin, daß das »Küken«, das aus der Mutterpflanze hervorkommt, der Nachwuchs ist. Das Küken wird zur Vermehrung vorsichtig mit oder ohne ein Mutterblatt auf frisches Substrat gesetzt, wo es bald anwurzelt. Aber die Henne läßt sich auch durch ihre Ausläufer vermehren.

50 Der Gummibaum wird immer größer. Kann man ihn kürzen und die Stecklinge eintopfen?

Im Lauf der Zeit wachsen Gummibäume *(Ficus)* zu beachtlichen Höhen heran. Die Pflanze läßt sich ohne Schaden überall einkürzen. Der »Abfall« wird in Stecklinge mit jeweils zwei Blattpaaren zurechtgeschnitten. Die Bewurzelung erfolgt ganz leicht in Wasser oder in Anzuchterde bei 25 bis 30 Grad Celsius Bodenwärme. Vermehrung ist aber auch durch Abmoosen möglich. Kleinere Pflanzen sollten in jedem Frühjahr, ältere alle drei bis vier Jahre umgetopft werden. Einheitserde ist dafür gut geeignet.

51 Kann man sich selbst eine neue Iresine heranziehen und wie?

Die Vermehrung der Iresine *(Iresina)* ist nicht schwer. Ihre Kopfstecklinge wurzeln ebenso willig in Wasser wie in Substrat.

52 Auf welche Art läßt sich ein Karakabaum möglichst einfach vermehren?

Der Karakabaum *(Corynocarpus laevigatus)* wird entweder im frühen Jahr (Januar/Februar) oder im Spätsommer (Ende August/September) durch Kopf- oder Teilstecklinge vermehrt. Bei Bodentemperaturen um 20 Grad Celsius wurzeln die Stecklinge problemlos. Um zu erreichen, daß die jungen Pflanzen sich ordentlich verzweigen, sollte man sie mehrmals stutzen.

53 Gelingt die Vermehrung der Korallenbeere durch einfache Teilung?

Die Korallenbeere, auch unter dem Namen Korallenmoos *(Nertera granadensis)* bekannt, läßt sich durch einfache Teilung problemlos vermehren. Die Teilung sollte man vornehmen, nachdem die Beeren von der Mutterpflanze abgefallen sind.

54 Wie läßt sich eine Leuchterblume am einfachsten vermehren?

Die vielfach als Ampelpflanze gehaltene Leuchterblume *(Ceropegia woodii)* läßt sich durch die von ihr gebildeten Knöllchen, aber auch durch Teilstecklinge vermehren. Bei letzterer Methode muß darauf geachtet werden, daß die Schnittflächen der Stecklinge gut abgetrocknet sind, sonst faulen sie.

TIP

Egal, ob man vegetativ aus Pflanzenteilen oder generativ aus Samen vermehrt: Optimale Vermehrungszeit ist das Frühjahr. Wenn die Tage länger werden, bekommen die Jungpflanzen mehr Licht und gedeihen besser.

55 Wann und wie lassen sich Myrten am besten vermehren?
Die immergrüne Myrte *(Myrtus communis)* kann man sowohl im Frühjahr als auch im Sommer vermehren. Man setzt noch nicht verholzte Kopfstecklinge in feuchtes Substrat. Wenn man die Jungpflanzen öfter stutzt, werden sie buschiger.

56 Ist es möglich, eine Pachira aus Samen heranzuziehen oder gelingt das nicht?
Die aus Mittelamerika stammende Pachira *(Pachira)* läßt sich durchaus aus Samen heranziehen, wenn man für ausreichende Bodentemperaturen sorgt. Am besten gelingt das in einem heizbaren Vermehrungsbeet mit Temperaturen über 25 Grad Celsius. Die Samen gibt es im Fachhandel. Aber auch Kopfstecklinge wachsen bei entsprechender Bodenwärme problemlos an.

57 Ein Blechnum wird zu üppig. Läßt er sich teilen?
Es gibt die Möglichkeit, den Rippenfarn *(Blechnum)* zu teilen und so zu vermehren. Eine andere, aber recht schwierige Methode der Vermehrung ist die Gewinnung von Jungpflanzen aus Sporen, die mit einigem Glück im heizbaren Anzuchtbeet bei Temperaturen um 25 Grad Celsius aufgehen.

58 Läßt sich ein Rosetten-Dickblatt durch Eintopfen von Blättern vermehren?
Das Rosetten-Dickblatt *(Aeonium)* läßt sich sehr wohl durch abgetrennte Blätter vermehren. Man kann auch Rosetten abschneiden und als Stecklinge verwenden. In beiden Fällen muß man jedoch beachten, daß die Schnittstellen vor dem Eintopfen in Kakteenerde gut abgetrocknet sind.

59 Ist die Vermehrung von Säulenkakteen sehr schwierig?
Die Vermehrung des zu den relativ einfach zu pflegenden Kakteen zählenden Säulenkaktus *(Cleistocactus straussii)* geschieht mit Samen, die man im Fachhandel bekommt. Am besten sät man Ende Februar in ein heizbares Anzuchtbeet. Bei Temperaturen um 28 Grad Celsius gehen die Samen auf. Die Keimdauer beträgt zwischen 1 und 6 Wochen.

60 Läßt sich ein Schiefteller durch Teilen vermehren?
Schiefteller *(Achimenes-Hybriden)* lassen sich im Frühjahr durch Teilen der Rhizome gut vermehren. Möglich ist aber auch eine Vermehrung durch Kopfstecklinge bei über 20 Grad Celsius Bodenwärme.

TIP

Palmensamen haben lange Keimzeiten zwischen vier Wochen und zwölf Monaten. Werfen Sie nicht zu schnell die Flinte ins Korn, wenn Sie nicht sofort Erfolg haben.

61 Ein Schraubenbaum soll vermehrt werden. Wie geht man dabei vor?

Der aus der Südsee stammende Schraubenbaum *(Pandanus)* bildet im Lauf der Zeit Kindel, durch die er sich vermehren läßt. Man sollte darauf achten, daß die Kindel feine Wurzeln aufweisen, ehe man sie in Einheitserde, Torfkultursubstrat oder in mit einem Drittel Sand vermischte Blumenerde eintopft.

62 Ein Schwertfarn hat Ausläufer gebildet. Kann man sie abtrennen und daraus Jungpflanzen gewinnen?

Diese Art der Vermehrung von Schwertfarn *(Nephrolepis exaltata)* ist kinderleicht. Man trennt die Ausläufer im Sommer ab und pflanzt sie in Blumenerde. Schwieriger ist die Vermehrung durch Sporen.

63 Ein Zwergpfeffer soll vermehrt werden. Stehen dafür mehrere Methoden zur Auswahl?

Es gibt verschiedene Möglichkeiten, den Zwergpfeffer, auch als Peperomie *(Peperomia)* bekannt, zu vermehren. Einmal durch Blattstecklinge, das sind einzelne Blätter mit einem kurzen Stengelansatz, die entweder in Wasser oder gleich in feuchtem Substrat bewurzelt werden. Die andere Vermehrungsmöglichkeit: Durch Kopfstecklinge.

Foto: Das Zypergras (Cyperus) läßt sich ganz leicht vermehren. Es bildet Wurzeln, wenn man die abgeschnittenen Schirme in Wuchsrichtung oder entgegengesetzt ins Wasser legt.

64 Kann man Zypergras durch Samen vermehren oder gibt es auch noch eine andere Methode?

Man kann Zypergras *(Cyperus)* durch Samen vermehren. Wesentlich einfacher läßt sich das aber durch Teilen der Mutterpflanze oder durch Abschneiden einiger Blattschirme erreichen. Hierzu schneidet man einen oder mehrere Schirme mit einem etwa fünf Zentimeter langen Stück Stiel ab, kürzt die Blätter um etwa ein Drittel ein und läßt sie dann in Wasser bewurzeln, bevor sie in Blumenerde mit etwas Sandzusatz eingetopft werden.

65 Wie läßt sich ein Zimmerbambus am besten durch Teilung vermehren?

Der Zimmerbambus *(Pogonatherum paniceum)* wächst sehr stark und sollte einmal im Jahr ohnehin umgetopft werden. Und zwar im Frühjahr. Dabei kann man die Pflanze teilen oder durch ihre Wurzelausläufer vermehren, die in Blumenerde oder in Einheitserde T gesetzt und feucht gehalten werden sollen.

66 Ein üppiger Cissus soll vermehrt werden. Was ist zu tun?

Der Zimmerwein *(Cissus)* wird durch Kopf- oder Teilstecklinge in Wasser oder Anzuchterde vermehrt. Jungpflanzen kann man später in Blumenerde eintopfen.

67 Ein bis dahin munter blühendes Alpenveilchen ist plötzlich mit einem häßlichen, braungrauen Belag bedeckt und kümmert sichtlich. Was fehlt dieser Pflanze?

Wenn Alpenveilchen *(Cyclamen persicum)* an allen Pflanzenteilen – auch an den Blüten – diesen braungrauen Belag tragen, dann ist das ein ganz sicheres Anzeichen dafür, daß sie unter Grauschimmel, auch Botrytis genannt, leiden. Diese Krankheit ist stets eine Folge von zu hoher Luftfeuchtigkeit. Man sorgt für Abhilfe, indem man die Luftfeuchte senkt und die Pflanze an einen hellen und luftigen Standort stellt. Natürlich müssen die befallenen Teile entfernt und vernichtet werden. Aber bitte Blüten und Blätter nicht abschneiden, sondern mit einem kräftigen Ruck herausreißen, sonst entstehen Faulstellen! Alpenveilchen reagieren sehr empfindlich auf Nässe. Deshalb darf man nie auf die Blätter und die Knolle gießen, sondern höchstens auf die umgebende Erde. Besser ist es, man gießt in Übertopf oder Untersetzer und schüttet überschüssiges Wasser nach etwa einer halben Stunde weg.

68 Eine Amarylliszwiebel zeigt rotbraune Flecken und kümmert. Woran leidet die Pflanze?

Die Amaryllis, auch Ritterstern *(Hippeastrum-Hybride)* genannt, ist vom Roten Brenner befallen. Dieser Schlauchpilz breitet sich dann aus, wenn die Pflanze zu naß oder zu kalt steht. Wenn die Krankheit noch nicht zu weit fortgeschritten ist, kann man die befallenen Stellen ausschneiden und mit Holzkohle bepudern, um so ein Weiterfaulen der Zwiebel zu vermeiden.

69 Unter und zwischen den Blättern einer Azalee sind feine Gespinste. Um was handelt es sich dabei?

Die Azalee *(Rhododendron)* wurde von Spinnmilben befallen. Ursache kann ein zu trockener und zu warmer Stand sein. Man sollte die Pflanze vorsichtig mit lauwarmem Wasser abbrausen. Auch die Blattunterseiten bespritzen. Vor allem muß sofort die Luftfeuchtigkeit erhöht werden. Einen Versuch wert: Die Pflanzensauna: Pflanze gießen, in durchsichtigen Folienbeutel eintüten, zubinden und 1–2 Tage stehen lassen.

70 Wenn man an den Topf der Buntnessel stößt, fliegen kleine Insekten auf. Was sind das für Tiere?

Bei den Insekten handelt es sich um die Weiße Fliege. Dieser Schädling vermehrt sich bei warmen Temperaturen rapide an der Buntnessel *(Coleus blumei)*. Für sehr wirksame Bekämpfung sorgen sogenannte Gelbtafeln, klebrige gelbe Plastikstreifen, auf die das Insekt fliegt.

TIP

Wer große Amarylliszwiebeln kauft, kann auf üppigeren Blütensegen hoffen. Je dicker die Zwiebel ist, desto mehr Nährstoffe stecken in ihr.

71 Die Triebe einer Chinarose sitzen voll mit Läusen. Was kann man dagegen unternehmen?

Die Chinarose *(Hibiscus rosa-sinensis)*, die auch unter den Namen Hibiskus oder Chinesischer Roseneibisch bekannt ist, wird besonders dann stark von Blattläusen befallen, wenn die Pflanze in sehr trockener Heizungsluft gehalten wird. Für Abhilfe sorgt das Besprühen mit einer Seifenlösung, der etwas Spiritus beigefügt wird. Im Handel sind auch sprühfertige Kalium-Seifenlösungen und spezielle Insektizide auf Pyrethrum-Basis erhältlich. Außerdem sollte man für höhere Luftfeuchtigkeit sorgen und die Pflanze öfter einsprühen.

72 An einem Dickblatt zeigen sich überall watteähnliche Gebilde. Die Pflanze kümmert stark. Wie ist ihr zu helfen?

In zu trockener und zu warmer Zimmerluft verbreiten sich am Dickblatt *(Crassula arborescens)* oftmals Wolläuse, die in den weißlichen Gebilden verborgen sind. Zunächst sollte man die Pflanze kühler stellen. Die befallenen Stellen mit einer Spiritus-Seifenlösung bepinseln. Wirksam ist auch das Bepinseln mit Blattglanzspray. Die Behandlung mehrmals wiederholen. Im Handel gibt es auch Sprays auf Pyrethrum-Basis gegen die Schädlinge.

73 Die Blätter einer Strahlenaralie wirken wie punktiert. An den Blattunterseiten sieht man bräunliche Stellen. Worum handelt es sich?

Thripse, auch Blasenfüße genannt, bewirken dieses Schadbild an der Strahlenaralie *(Schefflera)*. Die saugenden Insekten entwickeln sich besonders bei zu trockener Zimmerluft, insbesondere im Winter bei Heizungsluft. Für höhere Luftfeuchtigkeit sorgen. Die Pflanze mit lauwarmem Wasser abbrausen. Gelbtafeln aufstellen. Im Handel gibt es auch spezielle Insektizide gegen Thripse.

74 Eine sorgfältig gepflegte Echeverie kümmert von Tag zu Tag mehr. Woran kann das liegen?

Wahrscheinlich hat es der Hobbygärtner mit dem Gießen zu gut gemeint. Die Folge zu starker Wassergaben ist Wurzelfäule. Die Pflanze aus dem Topf nehmen. Angefaulte Wurzelteile mit einem scharfen Messer vorsichtig entfernen. Die Schnittstellen mit Holzkohle einpudern, um Infektionen zu vermeiden. Dann die Echeverie *(Echeveria)* in neues Substrat eintopfen.

TIP

Mangelnde Luftfeuchte ist eine der häufigsten Ursachen, wenn Pflanzen kränkeln. Beste Vorbeugung: Mehrere Pflanzen in eine große Schale mit Blähton einfüttern und diesen ständig feucht halten. Die durch Verdunstung entstehende Luftfeuchte bekommt vor allem tropischen Arten.

75 Auf und unter den Blättern einer Blütenbegonie befindet sich ein schmutzigbrauner Belag. Woher rührt das?

Die Begonie *(Begonia-Elatior-Hybride)* leidet an einer Pilzinfektion, die Mehltau genannt wird. Alle befallenen Blätter müssen entfernt und vernichtet werden. Besprühen mit kieselsäurehaltiger Schachtelhalmbrühe stärkt das Pflanzengewebe. Zu hohe Luftfeuchtigkeit vermeiden.

76 Die Blätter einer Edelpelargonie sind mit einem braungrauen Belag überzogen. Die Pflanze wirkt krank. Was fehlt ihr wohl?

Bei Edelpelargonien *(Pelargonium-Grandiflorum-Hybriden)* kann zu dunkle oder zu feuchte Haltung zu Grauschimmel *(Botrytis)* führen. Auch Spritzwasser auf den Blättern kann Ursache dieser Erkrankung sein. Alle befallenen Teile entfernen und vernichten. Für hellen und luftigen Standort sorgen. Im Winter mäßig gießen. Staunässe vermeiden!

77 Ein Einblatt verliert immer mehr Blätter. Unter den Blättern erkennt man braune Flecken. Was liegt vor?

Das Einblatt, das auch Blattfahne *(Spathiphyllum)* genannt wird, leidet unter zu großer Lufttrockenheit. Das führt einmal zu Blattfall, zum anderen entwickeln sich allerlei Schädlinge wie Spinnmilben oder Blattläuse. In diesem Fall sitzen unter den braunen Stellen – es handelt sich hier nämlich um Schilde der schädlichen Schildläuse – winzige Insekten. Schilde nach Möglichkeit abkratzen. Auch Besprühen mit Pyrethrum-Spray oder Spiritus-Seifenlösung hilft. Für einen helleren und kühleren Standort sorgen.

78 An den Blattunterseiten eines Flammenden Käthchens befinden sich weiche, gespinstartige Gebilde. Was ist das?

Die Gespinste an den Blättern des Flammenden Käthchens, auch Madagaskarglöckchen *(Kalanchoe)* genannt, werden bei zu trockener Haltung der Pflanze von Wolläusen verursacht. Für Abhilfe sorgt Besprühen oder Bepinseln mit Spiritus-Seifenlösung oder Pyrethrum-Spray. Pflanze kühler und heller stellen. Im Winter kaum gießen.

79 Die Stengel eines Fleißigen Lieschens werden braun. Welche Krankheit hat die Pflanze?

Das Fleißige Lieschen *(Impatiens)* mag den Sommer über regelmäßige Wassergaben. Im Winter muß man mit dem Gießen zurückhaltender sein, sonst stellen sich Pilze ein, die Stengelfäule verursachen. Der Standort sollte ganzjährig hell bis halbschattig sein.

Foto: Blütenbegonien gibt's in unendlichen Variationen: Mit kleinen und großen, gefüllten und ungefüllten, gerüschten und gefransten Blüten.

80 An den Blättern der Klivie sitzen Gebilde, die wie Watte aussehen. Was ist das?

Die Klivie *(Clivia)*, auch Riemenblatt genannt, ist von Schmierläusen befallen. Das ist oft Folge eines zu warmen Standortes im Winter. Die Pflanze kühler stellen. Pyrethrum-Spray oder Besprühen mit Spiritus-Seifenlösung hilft gegen die Schädlinge.

81 Plötzlich ließ eine üppig blühende Kranzschlinge alle Blüten und Knospen fallen. Aus welchem Grund?

Wenn eine Kranzschlinge *(Stephanotis floribunda)* von heute auf morgen alle Knospen und Blüten abwirft, ist das oft eine Folge von Zugluft, auf die diese Pflanze empfindlich reagiert. Ein anderer Grund kann auch ein plötzlicher Standortwechsel sein.

82 Ein Kreuzkraut ist über und über von Blattläusen befallen. Was soll man tun?

Ein anderer Name des Kreuzkrautes lautet Läuseblume *(Senecio-Cruentus-Hybride)*. Es gibt auch noch die Bezeichnungen Aschenblume und Cinerarie für diese Pflanze. Aber der Name »Läuseblume« weist darauf hin, daß Blattläuse diese Blume lieben. Besprühen mit Pyrethrum-Spray oder mit Brennesselbrühe sorgt für Abhilfe. Luftfeuchtigkeit erhöhen.

83 Nach und nach werden alle Blätter von im Wohnzimmer stehenden Kissenprimeln gelb. Woher kann das kommen?

Häufig rührt das Vergilben der Blätter von Primeln *(Primula)* schlicht von zu großer Trockenheit her. Aber auch zu warmer Stand, Staunässe oder zu starkes Düngen lassen die Blätter der Kissenprimeln (Primula-Vulgaris-Hybriden) vergilben. Man darf nie vergessen, daß sie Spielarten der Freiland-Primeln und fürs Zimmer nur als kurzfristiger Schmuck geeignet sind.

84 Erst hat die Spaltblume wunderschön geblüht, doch dann warf sie die Blüten ab und kümmert seither. Was ist los?

Die Spaltblume *(Schizanthus-Wisetonensis-Hybride)* ist weder krank noch leidet sie unter einem Schädling. Ursache für den Blütenabwurf ist die Tatsache, daß diese Pflanze einjährig ist. Nach der Blüte wirft man sie gewöhnlich fort. Aus Samen, die es im Fachhandel gibt, lassen sich problemlos wieder neue Pflanzen heranziehen.

TIP

Viele Pflanzen reagieren auf Platzwechsel mit Blüten- oder Blattfall. Beste Vorbeugung: Vor dem Abräumen am Topf mit Buntstift eine Lichtmarke anbringen, damit die Pflanze nach dem Putzen wieder in die gleiche Wuchsrichtung gestellt werden kann.

85 Eine Gynure ist von Blattläusen besiedelt. Was läßt sich dagegen unternehmen?

Die schädlichen Blattläuse findet man an der Gynure, auch Samtpflanze *(Gynura)* genannt, recht häufig. Bekämpfen kann man diese Läuse durch Besprühen der Pflanze mit Pyrethrum-Spray oder speziellen Insektiziden. Wirksam ist auch wiederholtes Einsprühen mit Brennessel-Auszug. Als erfolgreich hat sich jedoch auch der Einsatz von Nützlingen wie Räuberischen Gallmücken, Schlupfwespen und Florfliegen erwiesen. Allerdings gilt für jeden Nützlingseinsatz: Diese Tiere bleiben natürlich nicht nur in unmittelbarer Nähe »ihrer« Pflanze, sondern sie können auch an anderen Orten auftreten. Dort richten sie zwar keinerlei Schaden an, aber nicht jeder mag z. B. Florfliegen in der ganzen Wohnung. Daher eignen sich Nützlingseinsätze vorwiegend in abgeschlossenen Wintergärten, Veranden usw.

86 Eine Strahlenaralie hat trotz guter Pflege ihre Blätter abgeworfen. Weshalb?

Bis auf gelegentlichen Schildlausbefall bei zu trockenem Winterstandort ist die Strahlenaralie *(Schefflera)* nicht sehr anfällig für Schädlinge oder Krankheiten. Der Laubabwurf kann aber auf einen zu kalten Standort (unter 12 Grad Celsius) zurückzuführen sein.

87 Eine bis dahin sehr schöne Tillandsie beginnt arg zu kümmern. Was kann der Grund dafür sein?

Wahrscheinlich finden sich an der Tillandsie, auch Luftnelke *(Tillandsia)* genannt, die watteähnlichen Gebilde von Wolläusen. Diese Schädlinge entwickeln sich, wenn die Pflanze in zu trockener Luft steht. Für mehr Luftfeuchtigkeit durch Besprühen sorgen. Mit Pyrethrum-Spray oder Spiritus-Seifenlösung gegen die Läuse vorgehen.

88 Eine Topfhortensie wimmelt von Blattläusen. Was läßt sich dagegen unternehmen?

Topfhortensien *(Hydrangea macrophylla)* sind eigentlich Gartenpflanzen und werden immer dann stark von Blattläusen befallen, wenn sie an zu warmen oder zu trockenen Standorten gehalten werden. Wer seine Pflanze in einem Wintergarten kultiviert, sollte sich überlegen, ob er gegen die Läuse nicht mit Florfliegen vorgehen will. Diese Nützlinge vertilgen die Schädlinge. Für normale Wohnungen empfiehlt sich diese Methode weniger, da die Florfliegen natürlich überall herumschwirren, was manchen stört. Auf jeden Fall: Pflanze kühler stellen und mit Pyrethrum-Spray besprühen.

TIP

Fast alle Pflanzen vertragen Staunässe schlecht. Darum beim Umtopfen nie die Dränageschicht aus Blähton, Kies, Tongranulat, Styropor oder Topfscherben vergessen!

89 Von einem Tag auf den anderen hat eine herrliche Gardenie alle Blüten abgeworfen. Weshalb?

Ganzjährig verlangt die Gardenie *(Gardenia)* eine fast gleichbleibende Temperatur zwischen 16 und 18 Grad Celsius. Auf Temperaturschwankungen reagiert die Pflanze ebenso mit Knospen- und Blütenfall wie auf einen Standortwechsel. Man sollte darauf achten, daß die Gardenie stets an derselben Stelle steht. Am besten eine Lichtmarke anbringen.

90 Die bisher stets grünen Blätter einer schönen Kranzschlinge wirken plötzlich wie ausgebleicht. Welche Ursache hat das?

Das Ausbleichen der Blätter an der Kranzschlinge *(Stephanotis)* geht oft auf Gießen mit zu hartem Wasser zurück. Kalkarmes oder enthärtetes Gießwasser benutzen. Aber auch Eisenmangel, der durch kalkhaltiges Wasser begünstigt wird, kann zu der Chlorose genannten Erscheinung führen. Eisenchelat (im Fachhandel erhältlich) ins Gießwasser geben.

Foto: Eine der schönsten Duftpflanzen fürs Haus ist der Jasmin (Jasminum officinale). Seine weißen, stark duftenden Blüten erscheinen je nach Art zwischen Januar und Dezember.

91 Im Topf einer Guzmanie wimmelt es von kleinen Tierchen. Die Pflanze selbst wirkt gesund. Um was für Tiere handelt es sich?

Im Erdreich vieler Zimmerpflanzen leben diese Tierchen, Springschwänze oder Collembolen genannt. Sie sind in der Regel völlig harmlos. Collembolen bauen die organische Nährsubstanz im Erdreich ab und machen sie der Pflanze verfügbar. Um die Tierchen zu beseitigen, stellt man die Guzmanie *(Guzmania)* eine Nacht in eine Schüssel mit Wasser, das über den Erdballen reichen sollte. Am folgenden Tag kann man die Springschwänze mit dem Wasser abgießen.

92 Ein klebriger Belag bedeckt die Blätter des Jasmins. Außerdem wirken die Blätter deformiert. Woran liegt das?

Der Jasmin *(Jasminum)* will im Winter nicht zu warm stehen. Er wird dann – wie in diesem Fall – anfällig für Blattläuse. Besprühen mit Spiritus-Seifenlösung oder Pyrethrum-Spray schafft Abhilfe. Zu hohe Wintertemperaturen bewirken auch, daß die Pflanze vorzeitig austreibt. Allerdings entwickelt sie dann nur Laub, aber keine Blüten.

93 Um den Katzenschwanz schwirren kleine, dreieckige Insekten. Wie bekämpft man sie?

Vor allem im Winter breiten sich als Folge von zu großer Lufttrockenheit (Heizungsluft) Weiße Fliegen am Katzenschwanz *(Acalypha hispida)* aus. Man sollte die Pflanze kühler stellen und Gelbtafeln einstecken.

94 Ein Usambaraveilchen hat verkümmerte und eingerollte Blätter. Woran kann das liegen?
Usambaraveilchen *(Saintpaulia-Ionantha-Hybriden)* reagieren mit dem Einrollen ihrer Blätter auf Weichhautmilben. Deren Aufkommen wiederum wird durch feuchte und kalte Füße der Pflanze begünstigt. Befallene Pflanzenteile entfernen und vernichten. Weniger gießen. Bitte nie von oben!

95 Eine Vriesee will einfach nicht recht wachsen. Die Blätter weisen Schäden auf. Wie sorgt man für rasche Abhilfe?
Zuviel Nässe und/oder sehr trockene Heizungsluft führen zu den genannten Symptomen. Aber auch das Gießen mit zu kaltem Wasser kann die Störungen verursachen. Unter Schädlingen oder an Krankheiten leiden Vrieseen *(Vriesea)* nur sehr selten.

96 Auf welche Krankheit reagiert die Wachsblume mit plötzlichem Blütenfall?
Wenn die Wachsblume *(Hoya bella)* so rigoros ihre Blüten abwirft, ging wahrscheinlich meist ein Standortwechsel voraus. Das nimmt die Pflanze stets übel. Ein zu warmer Standort im Winter kann zu Blattlausbefall führen.

97 Ein zunächst sehr schöner Weihnachtsstern kränkelt auf einmal. Woher kann das kommen?
Wenn der Weihnachtsstern *(Euphorbia pulcherrima)* kümmert oder die Blätter fallen läßt, kann das am Befall durch Schildläuse liegen. Stark befallene Blätter entfernen und vernichten. Die Pflanze mit Spiritus-Seifenlösung oder Pyrethrum-Spray besprühen und kühler stellen. Ein kühler Standort beugt obendrein dem Befall der Pflanze durch die Weiße Fliege vor, denn diese Insekten lieben Wärme.

98 Ein Zierspargel weist Gespinste auf, die wie feine Spinnennetze aussehen. Welcher Schädling verursacht das wohl?
Die Gespinste am Zierspargel *(Asparagus)* stammen von Spinnmilben, die diese Pflanze befallen, wenn sie zu warm oder zu lufttrocken steht. Den *Asparagus* wiederholt lauwarm abbrausen. Generell die Luftfeuchtigkeit erhöhen. Vorsicht mit Insektiziden, denn darauf reagieren die Pflanzen oft sehr empfindlich.

TIP
Lieber sparsamer gießen als zu viel! Es sind schon weitaus mehr Pflanzen »ertränkt« worden als vertrocknet.

99 Immer wieder treten an einer Zimmerkalla Spinnmilben auf. Wie lassen sich die Schädlinge beseitigen?
Spinnmilben treten an der Zimmerkalla, auch Schlangenwurz *(Zantedeschia)* genannt, häufig dann auf, wenn die Pflanze im Winter lufttrocken und warm gehalten wird. Kühler stellen. Gegen die Spinnmilben hilft wiederholtes Abbrausen der Pflanze mit lauwarmem Wasser. Im Fachhandel gibt es auch spezielle Präparate gegen die Schädlinge.

100 An den Blättern einer Fittonie im geschlossenen Blumenfenster zeigen sich deutliche Fraßschäden. Welche Tiere können das verursachen?
Angefressene Blätter an einer Fittonie *(Fittonia verschaffeltii)* lassen auf Schnecken rückschließen. Gegen die äußerst gefräßigen Schädlinge hilft nur eine Methode wirkungsvoll: Man muß die Tiere – am besten abends, wenn sie sich zeigen – absammeln.

101 Unter und zwischen den Blättern eines Helmkrauts sind Gespinste zu erkennen. Welcher Schädling verursacht sie?
Bedingt durch zu warmen Standort, konnten sich am Helmkraut *(Scutellaria)* Spinnmilben entwickeln. Für Abhilfe sorgt in der Regel wiederholtes Abbrausen mit warmem Wasser. Im Handel gibt es auch spezielle Sprays. Erfolgreich lassen sich Spinnmilben jedoch auch mit Raubmilben bekämpfen, die man im Fachhandel beziehen kann. In jedem Fall muß man die Pflanze kühler stellen und für mehr Luftfeuchte sorgen.

102 Punktierte Stellen an den Blättern eines Zwergkalmus zeigen an, daß mit der Pflanze etwas nicht stimmen kann. Aber was liegt hier vor?
Der Zwergkalmus *(Acorus gramineus)* ist von Blasenfüßen, auch Thripse genannt, befallen worden, da er zu trocken und zu warm gehalten wird. Kühler stellen und Luftfeuchte erhöhen. Die Thripse bekämpft man durch Abbrausen der Pflanze mit warmem Wasser und/oder Aufstellen von Gelbtafeln. Als wirksam hat sich auch der Einsatz von Raubmilben bewährt, die den Schädlingen zu Leibe rücken. Man bekommt diese Nützlinge im Fachhandel .

TIP
Wenn aus Versehen einmal zu stark gedüngt wurde, empfiehlt es sich, das Substrat etwa eine Viertelstunde lang mit lauwarmem Leitungswasser gründlich durchzuspülen.

Fragen und Antworten zu Balkon- und Kübelpflanzen

Foto: Viele Kübelpflanzen sind gefräßig und brauchen, um üppig zu blühen, jedes Jahr neue Erde.

Mit den zumeist subtropischen oder mediterranen Arten, zu denen unsere Balkonblumen und Kübelpflanzen gehören, holt man sich die schönste Ferienstimmung ins Haus. Das größte Problem ist oft die richtige Überwinterung. Aber es gibt noch eine Menge andere Fragen, die bei der Pflege dieser exotischen Gäste auftauchen. Auf den nächsten Seiten finden Sie die häufigsten.

WEG-WEISER

Fragen zur Pflege und Überwinterung

Fragen zum Pflanzenschutz

Fragen zur Vermehrung

Fragen zur Gestaltung

103 Was ist mit dem Leberbalsam los? Die im Kasten wachsenden Blumen haben zunächst wunderschön geblüht, aber jetzt kommen immer weniger neue Blüten zum Vorschein. Was wird falsch gemacht?

Um den Leberbalsam *(Ageratum houstonianum)* zu immer neuem Blütenflor anzuregen, muß man ständig die alten und abgeblühten Teile abschneiden. Abgesehen davon brauchen diese Blumen viel Sonne und reichliche Wassergaben, besonders natürlich an sehr heißen Tagen. Man sollte Leberbalsam etwa alle zwei Wochen düngen.

104 Die Knollenbegonien kümmern immer stärker. Liegt eine Krankheit vor, oder werden Pflegefehler begangen?

Die in vielen Farben erhältlichen Knollenbegonien *(Knollenbegonien-Hybriden)* sind nicht erkrankt. Sie leiden jedoch an Staunässe. Vielfach meinen es die Hobbygärtner einfach zu gut mit dem Gießen. Knollenbegonien brauchen zwar – besonders während der Wachstumsperiode – viel Wasser, aber auf Staunässe reagieren diese Pflanzen empfindlich.

105 Trotz bester Pflege gedeihen die Pantoffelblumen nicht gut. Worauf ist ihr kümmerliches Aussehen wohl zurückzuführen?

Unter »bester Pflege« versteht der Hobbygärtner gerne ein Übermaß an Wasser- und Düngergaben. Die Pantoffelblume *(Calceolaria integrifolia)* verlangt reichlich Wasser und einmal pro Woche eine Düngergabe nach Vorschrift. Auf zu hohe Düngergaben reagiert die Pflanze empfindlich. Um sich an immer neuen Blüten bis in den September erfreuen zu können, sollte man außerdem stets die Alten entfernen.

106 Während die Kaskadenblumen auf anderen Balkons wundervoll gedeihen, sind die eigenen blühfaul und mickrig. Was wird falsch gemacht?

Die Kaskadenblume *(Centradenia)*, eine auf unserem Markt noch relativ neue, aber dennoch schon sehr beliebte Pflanze, verlangt gleichmäßige Feuchte, aber weder Staunässe noch Ballentrockenheit. Viele Hobbygärtner machen den Fehler und schneiden nach der ersten Blütenpracht die abgeblühten Teile ab. Doch bei dieser Planze sollte man das nicht, denn sie wirft zu gegebener Zeit von alleine die verblühten Triebe ab. Am alten Holz bilden sich dann neue Knospen.

Foto: Pantoffelblumen (Calceolaria-Hybriden), möchten im Freien möglichst regen- und windgeschützt stehen.

107 Nach einem heftigen Sommerregen machen die Nelken auf dem Balkon einen traurigen Eindruck. Sind sie noch zu retten?

Die für Balkonkästen besonders geeigneten Sommernelken *(Dianthus-Chinensis-Hybriden)*, die es im Handel als bunte Mischungen zu kaufen gibt, sind etwas empfindlich gegen Regen, aber auch gegen Staunässe durch zu starkes Gießen. Die Pflanzen mögen einen sonnigen, aber dennoch regengeschützten Standort. Man sollte überdies etwa alle 14 Tage düngen, dann gedeihen diese Balkonblumen prächtig.

108 Nach der Rückkehr aus dem Kurzurlaub hingen die Blätter des Heliotrops schlapp herunter, obwohl die Pflanze zuvor noch kräftig gewässert wurde. Was ist jetzt zu tun?

Wahrscheinlich stand die Pflanze während des Kurzurlaubs sehr heiß. Heliotrop *(Heliotropium arborescens)* verlangt während der Wachstumszeit zwar nur mäßige Wassergaben, darf aber nie ganz austrocknen, sonst werden die Blätter schlapp. Wenn man Glück hat, erholt sich die Pflanze nach einiger Zeit wieder. Oft bleiben aber auf den Blättern unschöne braune Flecken zurück.

109 Kann man die Fleißigen Lieschen selbst vermehren und wenn ja, wie?

Die als Urformen aus Afrika und Asien zu uns gekommenen Fleißigen Lieschen *(Impatiens-Hybriden)* gibt es inzwischen in vielen Sorten im Handel zu kaufen. Aber die hübschen und ihrem Namen alle Ehre machenden Pflanzen lassen sich auch leicht selbst aus Stecklingen heranziehen. Ebenso einfach gelingt die Anzucht aus Samen. In beiden Fällen sollte man im zeitigen Frühjahr (Februar/März) vermehren.

110 Die erst vor kurzem gekauften Petunien werden immer länger und länger. Dadurch bekommen sie ein häßliches Aussehen. Außerdem blühen sie nicht mehr so üppig. Was ist zu tun?

Bei Petunien *(Petunia-Hybriden)* sollte man nach der ersten Blüte nicht zimperlich mit dem Stutzen sein. Sonst werden die Triebe – wie im obigen Fall – immer länger, die Pflanzen werden unansehnlich und blühen schlechter. Also: Ende Juli/Anfang August etwa um die Hälfte kürzen, nach gut 14 Tagen haben sich die Petunien wieder erholt und blühen dann auch wieder munter. Und noch etwas: Da die Samenbildung bei diesen Blumen, die aus Südamerika zu uns kamen, recht rasch erfolgt, sollte man verwelkte Blüten regelmäßig entfernen.

TIP

Algenextrakt, ein aus Braunalgen hergestelltes Präparat, enthält viele Vitamine, Spurenelemente und Hormone und fördert das Pflanzenwachstum. Man spritzt den Extrakt wie Blattdünger.

111 Die auf einem Hochhausbalkon im Kasten gehaltenen Salvien entwickeln sich nicht gut. Dabei werden die Pflanzen ausreichend mit Wasser und Dünger bedacht. Was wird dennoch falsch gemacht?

Der Fehler ist wahrscheinlich, daß die Salvien *(Salvia splender)* auf dem Hochhausbalkon allzusehr starkem Wind und Regen ausgesetzt sind. Beides mögen diese Pflanzen, die ansonsten einen sonnigen Standort vertragen, nun einmal nicht. Vor allem Regen schadet den Salvien sofort. Vielleicht läßt sich auf dem Balkon eine regen- und windgeschützte Stelle finden, die als Standort geeignerter ist, oder man baut selbst einen Regen- und Windschutz.

112 Die selbst ausgesäte Kapuzinerkresse kam zunächst wunderschön hoch. Aber inzwischen treiben die Pflanzen zwar zahlreiche Blätter, dafür aber kaum Blüten. Was ist die Ursache?

Man kann Kapuzinerkresse *(Tropaeolum-Hybriden)* sehr leicht heranziehen, indem man die Samen im April/Mai direkt in die Blumenkästen sät und später vereinzelt. Aber wenn mehr Laub als Blüten kommen, dann liegt das an einer zu nährstoffreichen Erde. Diese Pflanzen brauchen ein lehmig-sandiges Substrat oder Einheitserde zum guten Gedeihen. Reichliche Wassergaben, aber kaum Dünger, vor allem keinen stickstoffreichen, verabreichen.

113 Die hübsche Dreimasterblume kümmert deutlich. Sie wird jedoch regelmäßig gegossen und gedüngt. Woran krankt die Pflanze?

Während ihrer Wachstumsperiode verlangen Dreimasterblumen *(Tradescantia-Andersoniana-Hybriden)* zwar eine gleichmäßige Feuchte, aber sie dürfen nie zu hohe Wassergaben erhalten, sonst kommt es zu der gefürchteten Staunässe. Andererseits darf der Wurzelballen aber auch nie ganz austrocknen. Auch mit den Düngergaben sollte man vorsichtig sein: Alle vier Wochen einmal reicht völlig aus.

114 Im März haben die Krokusse wundervoll geblüht. Was kann man mit den Knollen der Blumen jetzt noch machen?

Krokusse *(Crocus)* sind ein hübscher Frühjahrsschmuck für den Balkonkasten. Man kauft sie vorgetrieben im Frühjahr oder pflanzt die Knollen im September/Oktober in Gruppen 6–8 cm tief in Gefäße, die man frostfrei überwintert. Erde dabei nicht austrocknen lassen und Gefäße ab Austrieb heller stellen. Bereits vorgetriebene Exemplare setzt man nach der Blüte – wenn vorhanden – in den Garten, wo sie Jahr für Jahr wiederkommen. Eine Weiterkultur in Gefäßen ist im 2. Jahr selten erfolgreich.

TIP

Für alle, die längere Zeit verreisen möchten, hält der Handel vollautomatische »Pflanzensitter« bereit. Die Pflanzen werden mittels Zeitschaltuhr und einer Pumpe über Tropfschläuche aus einem großen Wasservorratsgefäß bewässert.

Foto: Auf jede Terrasse gehört wenigstens ein Zitronenbaum, denn er verleiht das so begehrte mediterrane Flair, hier eine Citrus-Art mit panaschiertem Laub zusammen mit Heliotrop.

115 Das Gelbe Gänseblümchen läßt seit einiger Zeit mit der Blüte nach. Außerdem wirkt die vorher so üppige Pflanze kränklich. Was wurde bei der Pflege falsch gemacht?

Die aus dem Süden der USA und aus Mexiko stammenden Gelben Gänseblümchen *(Thymophylla tenuiloba)*, die sich besonders gut auch in Ampeln machen, sind noch nicht sehr lange auf dem heimischen Markt. Die Pflege dieser Pflanzen ist eigentlich gar nicht so schwer: Gelbe Gänseblümchen verlangen relativ geringe Feuchte und wöchentliche, aber sehr sparsame Düngergaben. Außerdem lieben sie die Sonne, die sie an ihre Heimat erinnert. Wenn man obendrein alles Verblühte regelmäßig entfernt, wird man bis in den Oktober viel Freude an diesen Blumen haben.

116 Im Lauf des Frühjahrs haben sich auf dem Balkon eine Menge verschiedenfarbiger Primeln angesammelt. Was läßt sich nach dem Abblühen mit den Pflanzen machen? Kann man sie vermehren?

Die Primelpflanzen aus dem Balkonkasten *(Primula-Vulgaris-Hybriden)* braucht man nicht fortzuwerfen, wenn sie abgeblüht sind – vorausgesetzt man besitzt einen Garten. Dann kann man sie ins Freie verpflanzen. Sie überwintern dort ohne jeden Schutz und kommen im Folgejahr wieder zur Blüte. Allerdings oft in anderen Farben als zuvor. Viele werden wieder gelb wie die Wildform.

117 Ein Zitronenbäumchen, das bis vor kurzem noch prächtig aussah, bekommt plötzlich viele gelbe Blätter. Woran kann das liegen?

Das Zitronenbäumchen *(Citrus)* leidet an Mangelerscheinungen. Sie gehen fast immer auf Pflegefehler zurück. Entweder wurde die Pflanze mit zu hartem oder zu kaltem Wasser gegossen. Oder das Zitronenbäumchen leidet unter Stickstoffmangel. Auch an zu dunklen Standorten kommt es in der Regel zu Gelbblättrigkeit durch Lichtmangel.

118 Mit der Hortensie stimmt etwas nicht. Die Pflanze bekommt immer mehr bleiche Blätter, wobei die Blattadern selbst noch grün sind. Was fehlt dem Gewächs?

Wenn eine Hortensie *(Hydrangea macrophylla)* derart verfärbte Blätter aufweist, leidet sie an Chlorose. Diese Erkrankung geht auf Eisen- oder Magnesiummangel zurück, was durch Gießen mit zu hartem Wasser hervorgerufen wird. Für Abhilfe sorgt man, indem man dem Wasser Eisen- oder Magnesiumchelat (im Fachhandel zu bekommen) zusetzt und die Pflanze künftig mit enthärtetem Wasser gießt.

TIP

Die meisten Kübelpflanzen sind kältebeständiger, als man zunächst glaubt. Vor den Frösten unbedingt eingeräumt werden müssen z.B.: Bougainvillea, Datura, Erythrina cristagalli, Hibiscus, Lantana-Camara-Hybriden und Tibouchina.

119 Eine an sich prächtige Schmucklilie will und will nicht blühen. Woran liegt's?

Blühfaulheit im Sommer ist fast immer eine Folge zu warmer Überwinterung. Die Schmucklilie *(Agapanthus praecox)* legt nämlich im Winter ihre Blüten an und benötigt dazu Temperaturen, die 8 Grad Celsius nicht übersteigen.

120 Wann darf man einen kugelig oder spiralig geschnittenen Buchs in Form schneiden?

Besonders günstig für die Entwicklung neuer Triebe beim Buchsbaum *(Buxus)* ist ein kräftiger Rückschnitt im März oder Anfang Juli. Der leichte Formschnitt hingegen ist während der ganzen Wachstumszeit möglich.

121 Nach dem Ausräumen aus dem Winterquartier will das Indische Blumenrohr nicht gedeihen. Woran kann das liegen?

Diese Erscheinung ist ziemlich häufig. Ursache für den Kümmerwuchs des Indischen Blumenrohrs *(Canna-Indica-Hybriden)* ist die zu feuchte Haltung der Rhizome im Winterquartier. Die Rhizome müssen in der kalten Jahreszeit bei etwa 10 Grad Celsius in trockenem Sand oder Torf eingeschlagen und dunkel gelagert werden. Im vorliegenden Fall sollte man das Rhizom genau untersuchen, kleinere Faulstellen lassen sich leicht ausschneiden. Schnittstellen mit Holzkohle einpudern, um Fäulnis zu verhindern. Anschließend die Pflanze neu eintopfen.

122 Die hübsche Waxflower läßt plötzlich alle Blüten fallen. Was kann das für eine Ursache haben?

Wenn die Waxflower *(Chamelaucium uncinatum)* mit Blütenabwurf reagiert, kann das verschiedene Gründe haben. Vielleicht wird die Pflanze zu stark gegossen. Sie verlangt während der Wachstumsperiode nur sparsame Wassergaben. Ein anderer Grund könnte ein zu dunkler Standort sein.

123 Der neuerworbene Japanische Ahorn rollt plötzlich viele Blätter ein. Auf manchen sieht man auch merkwürdige Flekken. Woran kann das liegen?

Dem Japanischen Ahorn *(Acer palmatum)* ist es auf dem Balkon in der Regel zu heiß und zu trocken. Das zarte Laub zeigt schnell Verbrennungen und Trockenschäden durch zuviel Sonne. Darum: Möglichst für einen leicht schattigen Standort sorgen. Die Pflanze muß außerdem gleichmäßig leicht feucht gehalten werden. Staunässe verträgt der Japanische Ahorn überhaupt nicht. Dann kümmert die Pflanze oder geht im schlimmsten Fall sogar ein.

124 An der sonst wunderschönen Kletterhortensie löst sich die Rinde in großen Stücken. Was ist los?

Nur keine Sorge, die Kletterhortensie *(Hydrangea anomala ssp. petiolaris)* ist kerngesund. Das Schälen der Rinde ist für diese Pflanze ein normaler und natürlicher Vorgang.

125 Beim Kauf eines Kapernstrauches wurde vom Händler gesagt, man könne die Kapern essen. Stimmt das wirklich?

Die Auskunft des Händlers war richtig. Man kann die Blütenknospen des Kapernstrauches *(Capparis spinosa)* verzehren. Zum Einlegen in Essig oder Olivenöl verwendet man die noch ungeöffneten Blütenknospen. Sie werden von der Pflanze genommen, wenn sie etwa die Größe einer Erbse haben. Vor dem Einlegen sollte man die Kapern etwas abtrocknen (welken) lassen.

126 Aus Samen wurden mehrere Korallensträucher gezogen. Doch die neuen Gewächse, die sich sonst gut entwickelt haben, wollen nicht blühen. Was wurde falsch gemacht?

Die Vermehrung des Korallenstrauches *(Erythrina crista-galli)* aus Samen gelingt im allgemeinen ohne Schwierigkeiten. Wenn sich dann die jungen Pflanzen entwickelt haben, braucht der Hobbygärtner Geduld. Denn aus Samen vermehrte Korallensträucher blühen normalerweise erst nach drei, manchmal sogar erst nach vier bis fünf Jahren zum ersten Mal.

127 Obwohl das Basilikum einen sonnigen Platz hat, verwelkt es von den Blatträndern ausgehend, als wäre es erfroren. Was ist die Ursache?

Das Basilikum *(Ocimum basilicum)* ist äußerst wärmebedürftig. Sonne allein reicht nicht. Ein frischer, kühler Wind oder Bodenkälte in der Nacht können bereits trotz hoher Sonnentemperaturen zu den beschriebenen Blattnekrosen führen. Besonders empfindlich sind die in Lebensmittelmärkten als »Kräutertopf« gekauften Pflanzen, die zumeist aus Gewächshäusern stammen und nicht abgehärtet sind.

128 Ein Rosetten-Dickblatt verliert seit einiger Zeit von unten her immer wieder Blätter. Was wurde bei der Pflege falsch gemacht?

In diesem Fall liegen keine Pflegefehler vor. Das meist als Stämmchen gezogene Rosetten-Dickblatt *(Aeonium arborescens)* verkahlt im Lauf der Zeit von unten her. Das ist für diese Art ganz typisch und überhaupt kein Grund zur Beunruhigung.

TIP

Ein- oder mehrjährige Küchenkräuter in Töpfen, Schalen und Kübeln sind ein Genuß fürs Auge und gleichzeitig für den Gaumen. Am schönsten wirken sie in Gefäßen aus Terrakotta. Das sieht attraktiv aus und ist zudem nützlich in der Küche.

Foto: Die anmutigen Fuchsien zählen zu den beliebtesten Kübelpflanzen. Es gibt unzählige Spielarten, die bei artgerechter Pflege recht alt werden können.

129 Was geschieht mit der Blauen Mauritius, nachdem sie im Oktober abgeblüht ist. Läßt sich die Pflanze überwintern?

Die Überwinterung der Blauen Mauritius *(Convolvulus sabatius)* ist ohne Schwierigkeiten möglich. Ehe die Pflanze in ihr helles und etwa 10 Grad Celsius warmes Winterquartier eingeräumt wird, sollte man aber ihre langen Triebe um etwa zwei Drittel zurückschneiden. Im Winter nur sparsam gießen. Zum Frühjahr hin dann wieder wärmer stellen und umtopfen.

130 Bis in den Herbst haben die Fuchsien viel Freude bereitet. Wie bringt man die schönen Pflanzen heil durch die kalte Jahreszeit?

Man kann Fuchsien *(Fuchsie)* hell, aber auch dunkel überwintern. Hauptsache, der Winterstandplatz ist nicht kühler als etwa 8 Grad Celsius. Die Pflanzen werden kaum gegossen. An frostfreien Tagen sollte man den Aufbewahrungsraum gut lüften. Im Frühjahr schneidet man die Jahrestriebe bis auf maximal drei Augen zurück und entfernt gleichzeitig alle schwachen Triebe. Beim ersten Neutrieb umtopfen und die Pflanzen heller stellen.

131 Was macht man mit der neuerworbenen Zierbanane im Winter? Geht die Pflanze ein oder kann man sie durchbringen?

Keine Sorge, die Zierbanane *(Ensete ventricosum)*, die ja viele Jahre alt wird, übersteht den Winter, wenn sie nur früh genug in ein warmes Winterquartier, etwa einen beheizten Wintergarten, kommt. In diesem Fall kann man der Pflanze sogar die Blätter belassen. Steht ein solcher Platz nicht zur Verfügung, so reicht auch ein heller, etwa 10 Grad Celsius warmer Raum völlig aus. Nur sollte man in diesem Fall die Pflanze bis auf die Herzblätter einkürzen. Gießen braucht man nur sparsam, aber auf keinen Fall in das Herz, sonst besteht Fäulnisgefahr!

132 Wie bringt man einen immergrünen Buchsbaum durch den Winter, ohne daß er Schaden erleidet?

Ob der Winter streng oder mild ist, der Buchsbaum *(Buxus sempervirens)* übersteht ihn gut – sogar ohne Winterschutz. Auf Frosthärte der Gefäße achten!

Ganz wichtig ist zu wissen, daß die immergrüne Pflanze auch im Winter über ihr Laub Wasser verdunstet. Der Winterstandort sollte daher absonnig sein. An frostfreien Tagen empfiehlt es sich, die Pflanze mit lauwarmem Wasser zu gießen.

133 Aus Stamm und an den Trieben des Oleanderbäumchens bilden sich seltsame Wucherungen. Worum handelt es sich dabei, und wie geht man dagegen vor?

Diese Wucherungen am Stamm des Oleanders *(Nerium oleander)* rühren von einer Bakterienerkrankung, dem Oleanderkrebs, her. Ist der Befall noch nicht stark fortgeschritten, kann man die Wucherungen und befallenen Triebe mit einem Messer entfernen und die Schnittstellen mit Holzkohle bepudern. Entfernte Teile nicht auf den Kompost werfen! Eine endgültige Heilung der Krankheit ist leider nicht möglich, denn der Erreger bleibt latent.

134 Die kleinwüchsigen Löwenmäulchen sind zwar wunderschön, aber die Pflanzen sind über und über mit Blattläusen bedeckt. Wie sorgt man für Abhilfe?

Löwenmäulchen *(Antirrhinum majus)*, besonders die niedrige Sorte 'Floral Showers Mix', eignen sich vorzüglich für flache Balkongefäße. Gegen die lästigen Blattläuse hilft mehrmaliges Besprühen mit Brennnesselauszug oder mit Wermuttee. Bei sehr starken Befall sollte man Pyrethrum-Spray oder Spezialinsektizide aus dem Fachhandel einsetzen.

TIP

Im Winterquartier legen die Pflanzen zwar eine Ruhepause ein, dennoch sollte man sie alle 14 Tage auf Schädlinge und Krankheiten untersuchen.

135 Bei jeder leisen Berührung stieben von einer Spaltblume Schwärme von Weißen Fliegen auf. Gibt es wirksame Abhilfe gegen diese Schädlinge?

Wenn die Spaltblume *(Schizanthus-Wisetonensis-Hybriden)* von der Weißen Fliege geschädigt wird, hilft nur die Bekämpfung mit handelsüblichen Spezialinsektiziden. Die Behandlung aber mehrfach wiederholen, um wirklich für wirksame Abhilfe zu sorgen.

136 Die Studentenblumen in den Kästen auf der Veranda werden immer wieder von Schnecken angefressen. Was läßt sich dagegen unternehmen?

Studentenblumen *(Tagetes-Hybriden)* gehören zum »Lieblingsfutter« der Schnecken. Wenn die Blumenkästen auf einer Terrasse zum Garten stehen, werden die Tiere leicht angelockt. Die beste Vorbeugung ist eine Barriere aus Sägespänen um den Tagetes-Kasten herum. Sind die Schnecken bereits in den Kästen, hilft nur das Absammeln von Hand. Am besten sollte dies bei feuchter Witterung am frühen Morgen oder am Abend geschehen.

137 Seit einiger Zeit sieht das Laub der Goldlackpflanzen gar nicht mehr ansehnlich aus. Die Blätter sind mit einem schmutzigbraunen Belag behaftet. Um

welche Erkrankung handelt es sich, und was läßt sich dagegen unternehmen?
Falscher Mehltau hat den Goldlack *(Cheiranthus cheiri)* befallen. Er tritt auf bei zu dichtem Stand, zu hoher Luftfeuchtigkeit oder übermäßiger Stickstoffdüngung. Zunächst müssen alle betroffenen Blätter entfernt und vernichtet werden. Danach erfolgt die Behandlung wie beim Echten Mehltau: Man sprüht alle Pflanzenteile mit Schachtelhalmbrühe oder mit einem Spezialfungizid aus dem Fachhandel ein. Prozedur in Abständen wiederholen. Wichtig: Die Behandlung ist nur bei schwachem Befall erfolgreich.

138 **Zwischen den Blättern und an den Trieben einer Schwarzäugigen Susanne sind merkwürdige Gespinste zu erkennen. Die Pflanze beginnt zu kümmern. Welcher Schädling ist dafür verantwortlich, und welche Abhilfe gibt es?**
Die Gespinste an der Schwarzäugigen Susanne *(Thunbergia alata)* stammen von Spinnmilben. Ihr Auftreten wird durch einen zu warmen, zu hellen und zu trockenen Standort begünstigt. Für einen kühleren, schattigeren Standort der Pflanze sorgen. Wenn möglich, das ganze Gewächs mit lauwarmem Wasser abbrausen. Anschließend mit einem Präparat gegen Spinnmilben besprühen. Diese Behandlung öfter wiederholen. Die Pflanze an heißen Tagen ordentlich gießen, aber Staunässe unbedingt vermeiden!

139 **Die Blätter einer Verbene weisen helle, punktierte Stellen auf, die sicher von einem Schädling verursacht werden. Aber von welchem, und was ist dagegen zu unternehmen?**
Die Verbene *(Verbena)* ist von Thripsen, auch Blasenfüße genannt, befallen worden. Gegen diese Schädlinge hilft das mehrmalige Besprühen mit Pyrethrum-Spray oder mit anderen speziellen Insektiziden. Im Fachhandel gibt es auch seifenähnliche Mittel gegen Thripse. Auf jeden Fall sollte man die Pflanze kühler stellen und stets feucht halten.

140 **Zahlreiche Blätter einer Zinnie bekommen plötzlich eckige dunkle Flecken zwischen den Blattadern. Wodurch wird diese Erkrankung verursacht, und wie läßt sie sich beseitigen?**
Die Zinnie *(Zinnia elegans)* wird von Blattälchen, auch Nematoden genannt, geschädigt. Begünstigt wird der Befall durch zu nasse Blätter der Pflanze. Befallenes Laub entfernen und vernichten. Nicht auf den Kompost geben! Die Pflanze künftig nicht über die Blätter gießen.

TIP
Wenn die Pflanzen wieder aus dem Winterquartier ausgeräumt werden, darf man auch sonnenliebende Arten nicht gleich ins volle Licht stellen. Geben Sie ihnen zwei Wochen zum Eingewöhnen an einem schattigen und windgeschützten Platz.

Foto: Lilien (Lilium-Hybriden) werden wegen ihrer eleganten Austrahlung als Kübelpflanzen immer beliebter. Was viele nicht wissen: Auch die Taglilien (Hemerocallis-Hybriden) eignen sich für die Kultur in Gefäßen.

141 **In den Blättern der Ringelblumen erkennt man gangartige, helle Spuren. Welcher Schädling steckt dahinter, und wie läßt er sich am besten bekämpfen?**

Die Raupen der sogenannten Minierfliegen erzeugen diese Fraßgänge an den Blättern der Ringelblume *(Calendula officinalis)*. Meist fällt das Laub nach dem Befall auch ab. In jedem Fall sollte der Hobbygärtner die betroffenen Blätter entfernen und vernichten. Anschließend muß man die Pflanze sorgfältig mit einem speziellen Insektizid einsprühen. Behandlung muß nach etwa 10 bis 14 Tagen wiederholt werden, um so für wirkliche Abhilfe zu sorgen.

142 **Die Blätter der Lilien auf der Terrasse sind ganz zerfressen. Auf den Pflanzen sieht man überall kleine knallrote Käfer, die sicher diese Schäden verursachen. Gibt es gegen diese Tiere eine wirksame Abhilfe?**

Freunden der Lilie *(Lilium-Hybriden)* macht dieser Käfer, das sogenannte Lilienhähnchen, arg zu schaffen. Das Tier frißt meist kreisrunde Löcher in das Blumenlaub oder nagt die Blätter vom Rand her an. Am besten ist ständige Kontrolle und gleichzeitiges Absammeln von Käfern und ihren nicht minder gefräßigen Larven. Dabei sollte man auch die Blattunterseite regelmäßig abwischen, denn gerade dort sitzen die Larven gerne. Sind die Pflanzen aber sehr stark befallen, hilft nur der Einsatz von Pyrethrum-Spray oder speziellen chemischen Pflanzenschutzmitteln.

143 **Immer mehr Blätter der Balkonrosen weisen weiß-gelb gesprenkelte Stellen auf. An den Pflanzen sieht man zahlreiche hellgrüne Tierchen. Um welchen Schädling handelt es sich, und wie schafft man Abhilfe?**

Die Blattschäden an der Rose *(Rosa)* stammen von den grünlich-gelben Larven der äußerst gefräßigen Rosenzikaden. Ursache für den Befall sind trocken-warme Blätter mit gestauter Luft. Die Insekten bekämpft man am besten, indem man die ganze Pflanze mit Pyrethrum-Spray oder seifenähnlichen Präparaten besprüht. Bei leichtem Befall reicht es, die Pflanzen kühler und luftiger zu stellen.

144 **Das auf dem Balkon im Kasten gezogene Basilikum bekommt immer mehr klebrige Blätter. Viele verformen sich oder werden gelb. Am Laub erkennt man kleine, schwarze Tierchen. Um welchen Schädling handelt es sich?**

Das Basilikum *(Ocimum basilicum)* ist von Blattläusen befallen. Da es sich um eßbare Pflanzen handelt, setzt man keine Insektizide ein, sondern braust die Kräuter wiederholt mit Wasser ab.

145 Das Laub des Zierlauchs wirkt unansehnlich, ist mit hellen Flecken übersät und viele Blattstengel verkümmern. Welche Krankheit liegt vor, und wie läßt sie sich wirkungsvoll bekämpfen?

Der Zierlauch *(Allium)* ist vom Rostpilz befallen, der vom Wind angeweht worden ist. Begünstigt wird die Verbreitung dieses Pilzes, wenn das Wetter über einen längeren Zeitraum hinweg schwül-feucht bleibt. Die betroffenen Stengel entfernen und vernichten. Danach die Pflanze mit einem Spezialfungizid aus dem Fachhandel sorgfältig einsprühen.

146 Auf den Blättern der Eisbegonien erkennt man einen häßlichen, weißen Belag. Auch unter dem Laub sieht man Stellen, die wie mit Staub bedeckt aussehen. Worum handelt es sich?

Die Eisbegonien *(Begonia-Semperflorens-Hybriden)* sind am Echten Mehltau erkrankt. Die Sporen dieses Pilzes werden mit dem Wind angeweht und finden günstige Bedingungen, wenn die Pflanzen zu dicht stehen und nicht gut durchlüftet werden. Für Abhilfe sorgt man, indem man alle betroffenen Blätter entfernt und vernichtet. Anschließend werden die Pflanzen sorgfältig mit Schachtelhalmbrühe oder einem speziellen Fungizid aus dem Fachhandel besprüht. Am besten wiederholt man die Behandlung mehrmals hintereinander in kurzen Abständen, um eine erneute Erkrankung zu verhindern.

147 Auf Stielen, Blättern und Blüten des Mittagsgoldes ist ein pudriger, braungrauer Belag erkennbar. Die Pflanzen kümmern sichtlich. Woran sind sie erkrankt, und was kann man dagegen tun?

Die Ursache für die Erkrankung des Mittagsgoldes *(Gazania-Hybriden)* liegt darin, daß die Pflanzen vom Grauschimmel befallen worden sind. Die Pilzkrankheit kann verschiedene Ursachen haben. Einmal wird sie durch zu hohe Stickstoffdüngungen verursacht. In diesem Fall die Gaben reduzieren. Zum anderen erkranken häufig Pflanzen, die zu dicht beieinander stehen. Und schließlich kann anhaltend kühle und feuchte Witterung zum Befall mit Grauschimmel führen. Für Abhilfe sorgt man, indem man alle kranken Pflanzenteile entfernt und vernichtet. Nicht so reichlich gießen, Pflanzen möglichst luftig aufstellen. Bei starkem Befall sollte man allerdings ein spezielles Fungizid einsetzen.

TIP

Wer die Trichterwinde (Ipomoea) auf dem Balkon hält, bekommt Schwebfliegen frei Haus geliefert. Die nützlichen Insekten, deren Larven Unmengen von Blattläusen vertilgen, lieben diese Kletterpflanze besonders.

148 **Zwar blühen die Hängegeranien noch sehr schön, aber die Blätter werden fleckig und fallen schließlich ab. Gibt es Abhilfe gegen diese Krankheit, und wie heißt sie?**
Leider gibt es keine Hilfe gegen diese Erkrankung der Hängegeranien *(Pelargonium-Peltatum-Hybriden)*, denn es handelt sich dabei um die gefürchtete Pelargonienwelke, die durch Bakterien verursacht wird. Der Hobbygärtner kann in solch einem Fall lediglich alle befallenen Pflanzenteile abschneiden und vernichten.

149 **Die Hyazinthen kümmern sichtlich, die Blumenzwiebeln weisen faule Stellen auf. Läßt sich dagegen etwas unternehmen?**
Die Zwiebeln der Hyazinthen *(Hyacinthus orientalis)* reagieren sehr empfindlich auf zuviel Nässe. Wenn der Befall zu stark ist, kann man die betroffenen Stellen ausschneiden und anschließend mit Holzkohle einpudern. In neues Substrat eintopfen und das Gießen reduzieren.

150 **Um eine Scheinmalve schwirren kleine Insekten. Um welchen Schädling handelt es sich, und was ist dagegen zu tun?**
Die Scheinmalve *(Anisodontea capensis)* ist von der Weißen Fliege befallen. Larven und Eier dieses Schadinsekts befinden sich auf den Blattunterseiten der betroffenen Pflanze. Für Abhilfe sorgt Besprühen mit einem speziellen Insektizid. Behandlung in Abständen mindestens dreimal wiederholen.

151 **Zwischen den Blättern eines Erdbeerbaumes erkennt man häßliche Gespinste. Von wem werden sie verursacht, und was kann man dagegen machen?**
Die Gespinste am Erdbeerbaum *(Arbutus unedo)* stammen von der Spinnmilbe. Zunächst sollte man die Pflanze mit lauwarmem Wasser wiederholt abbrausen. Bei starkem Befall hilft Einsprühen mit einem speziellen Insektizid. Es ist ratsam, die Präparate zu wechseln, da Spinnmilben rasch resistent werden. In jedem Fall sollte man die Pflanze schattiger stellen und gut feucht halten.

152 **Eine Aukube hat plötzlich merkwürdig klebrige Blätter bekommen. Am Laub sieht man bräunliche Schilde. Welcher Schädling hat sich an der Pflanze eingenistet, und was unternimmt man gegen ihn?**
Klebriger Belag und die Schilde auf den Blättern der Aukube *(Aucuba japonica)* stammen von der Schildlaus. Wenn möglich, sollte man die Schilde von den Blättern abkratzen und den klebrigen Belag abwaschen. Gegen den Schädling gibt es im Fachhandel spezielle Insektizide.

TIP
Das regelmäßige Entfernen von verwelkten Blüten ist die beste Vorbeugung gegen Krankheiten und regt die Pflanze außerdem zur Wiederblüte an.

Foto: Dahlien und Sommerblumen wie Verbenen, Eisbegonien und Silberblatt können im Beet wie in Gefäßen wundervoll miteinander kombiniert werden.

153 An den Rändern, aber auch mitten auf den Blättern zeigen die Dahlien seltsame braune Flecken. Die Pflanzen beginnen zu kümmern. Gibt es ein wirksames Mittel gegen diese Art von Erkrankung, und worum handelt es sich dabei?

Die häßlichen Blattflecken verursacht ein Pilz an den Dahlien *(Dahlia-Hybriden)*. Die Blattfleckenkrankheit wird begünstigt, wenn die Pflanzen zu feucht und/oder zu wenig luftig gehalten werden. Betroffene Blätter entfernen und vernichten. Bekämpfen läßt sich der Pilz nur durch ein spezielles Fungizid.

154 Auf den Blättern einer schönen Strauchmargarite erkennt man merkwürdig gewundene Linien, die dunkelbraun sind. Woher stammen sie? Um welchen Schädling handelt es sich?

Bei den braunen Gängen auf den Blättchen der Strauchmargarite *(Chrysanthemum frutescens)* handelt es sich um die Fraßspuren der Raupen der Minierfliegen. Ist der Befall noch nicht zu stark, sollte man die betroffenen Blätter entfernen und vernichten. Die Pflanze mit einem speziellen Insektizid besprühen. Behandlung im Abstand von etwa 14 Tagen wiederholen.

155 Seit einiger Zeit sieht man immer mehr angefressene Blätter an einer Engelstrompete. Außerdem beginnt das Laub zu welken. Was liegt hier vor?

An der Engelstrompete *(Datura)* treibt ein für diese Pflanze typischer Schädling, der Dickmaulrüssler, sein Unwesen. Während der Käfer die Blätter anfrißt, zerstören seine Larven die Wurzeln. Gegen den Käfer hilft nur das Absammeln der Tiere am Abend (Taschenlampe) im Mai/Juni und im August/September. Das ist zwar mühsam, aber die wirkungsvollste Bekämpfung. Die Larven sollte man aus dem Wurzelballen vorsichtig herauspflücken. Wenn über 13 Grad Celsius Bodenwärme gewährleistet sind, kann man auch Nutzinsekten – in diesem Fall parasitäre Nematoden – in wässriger Lösung gießen. Die Nematoden kann man im Fachhandel beziehen.

156 An einer Kissen-Berberitze sitzen zahlreiche kleine Raupen. Gibt es eine wirksame Abhilfe gegen diese Schädlinge?

Die Kissen-Berberitze *(Berberis candidula)* ist vermutlich von den Raupen des Frostspanners befallen. Man sollte die gefräßigen Schädlinge absammeln und angefressene Blätter entfernen. Die Pflanze gegen erneuten Befall mit dem biologischen Spritzmittel *Bacillus thuringiensis* einsprühen.

157 Zwischen den Blättern eines Chinesischen Roseneibischs befinden sich kleine, watteähnliche Gebilde. Die Blätter der Pflanze sind ganz klebrig. Um welchen Schädling handelt es sich, und gibt es Abhilfe?

Der Chinesische Roseneibisch *(Hibiscus rosa-sinensis)* wird von Wolläusen geschädigt. Bei nicht allzu starkem Befall sollte man versuchen, die wolligen Gespinste zu entfernen. Den klebrigen Belag mit lauwarmem Wasser von den Blättern abwaschen. Schließlich kann man die Pflanze mit einem Spezialinsektizid einsprühen. Behandlung öfter wiederholen.

158 Der Ziertabak scheint zu den Lieblingsspeisen von unzähligen Schnecken zu gehören. Immer wieder sieht man Schleim- und Fraßspuren an der Pflanze. Was kann man gegen die Schädlinge unternehmen?

Ziertabak *(Nicotiana alata)* wird tatsächlich gerne von Schnecken befallen. Es ist etwas mühselig, aber dennoch wirksam, wenn man die Tiere – möglichst am frühen Morgen oder am Abend – von Hand absammelt. Wenn sich unterhalb der Terrasse ein Garten befindet, kann man dort ebenfalls auch mit Bier gefüllte Becher oder Dosen (Schneckenfallen) ebenerdig eingraben.

159 Auf Blättern, Blüten und Stielen einer Schönmalve erkennt man einen häßlichen, braungrauen Belag. Die Pflanze beginnt merklich zu kümmern. Welche Ursache hat das?

Die Schönmalve *(Abutilon)* ist vom Grauschimmelpilz befallen. Besonders bei nasser Witterung oder nach langen Regengüssen tritt diese Erkrankung auf. Sie stellt sich aber häufig infolge zu hoher Stickstoffanteile im Dünger ein. In jedem Fall sollte man die betroffenen Pflanzenteile entfernen und vernichten. Bei sehr starkem Befall kann man ein Spezialfungizid einsetzen. Die Schönmalve außerdem trockener halten.

160 Ein klebriger, schwarzer Belag bedeckt die Blätter einer Kamelie. Wodurch wird er hervorgerufen, und wie läßt er sich beseitigen?

Wenn man die Kamelie *(Camellia)* genau untersucht, wird man feststellen, daß die Pflanze von Blattläusen befallen ist. Diese Schädlinge, die man mit einem speziellen Insektizid beseitigen muß, verursachen den sogenannten Honigtau. Darauf siedelt der Rußtaupilz, was zu dem schwarzen Belag auf den Blättern führt. Abhilfe schafft man durch Beseitigen stark befallener Blätter. Bei geringem Befall hilft Abwaschen mit lauwarmem Wasser.

TIP

Düngen Sie Balkon- und Kübelpflanzen nicht mehr, als sie von ihrer Art her benötigen. Ein Zuviel des Guten führt zu schwammigem Gewebe, das für Schädlinge und Krankheiten aller Art ein gefundenes Fressen ist.

161 Nach dem Ausräumen aus dem Winterquartier weisen die langen Blätter des Neuseeländer Flachses punktierte Stellen auf. Wodurch werden sie verursacht, und gibt es Abhilfe?

Der Neuseeländer Flachs *(Phormium tenax)* ist von Thripsen, auch Blasenfüße genannt, befallen. Wenn man die Blätter umdreht, erkennt man auch deutlich die bräunlichen Saugstellen. Begünstigt wurde der Befall durch einen zu warmen Standort der Pflanze im Winterquartier. Gegen die Schädlinge hilft Besprühen mit Pyrethrum-Spray oder einem anderen Insektizid. Die Behandlung kann im Abstand von einigen Tagen mehrmals wiederholt werden.

162 Der hübsche Zwergrhododendron auf der Terrasse verliert seit einiger Zeit viele Blätter. An den Blättern erkennt man gelbbraune Flecken. Woran leidet die Pflanze? Gibt es Aussicht auf Heilung?

Eine häufig beim Zwergrhododendron *(Rhododendron-Repens-Hybriden)* anzutreffende Krankheit ist die Blattfleckenkrankheit, die durch eine Pilzinfektion hervorgerufen wird. Bei nicht zu starkem Befall sollte man befallene Blätter entfernen. Gegen die Infektion spritzt man die Pflanze mit einem speziellen Fungizid.

163 Bisher gediehen die Gurken auf dem Balkon ganz prächtig. Aber jetzt zeigt sich auf vielen Blättern ein häßlicher, bräunlicher Belag. Um welche Krankheit handelt es sich dabei, und wie ist sie zu bekämpfen?

Auf dem Balkon lassen sich heute hervorragend Gurken *(Cucumis sativus)* ziehen. Im vorliegenden Fall ist die Pflanze am Gurkenmehltau erkrankt. Man sollte die befallenen Blätter entfernen und vernichten. Anschließend die Gurkenpflanze mit Schachtelhalmbrühe besprühen. Bei sehr starkem Befall empfiehlt sich der Einsatz eines speziellen Fungizids aus dem Fachhandel.

164 Die prachtvolle Bougainvillee ist über und über mit Blattläusen bedeckt. Gibt es Hilfe gegen diese schädlichen Tiere?

Dem Blattlausbefall an der Bougainvillee *(Bougainvillea)* kann man mit wiederholtem Besprühen mit Brennesselauszug, Wermuttee oder Schmierseifenlösung begegnen. Helfen diese Mittel nicht, so sollte man die Pflanze mit Pyrethrum-Spray besprühen.

TIP

An heißen Tagen empfiehlt es sich, nur abends zu gießen. Wassertropfen auf den Blättern wirken im Sonnenlicht wie Brenngläser und führen zu unschönen Verbrennungen.

165 Ist es schwierig, Majoran selbst heranzuziehen?

Selbst für Anfänger ist es nicht sehr schwierig, Majoran *(Origanum vulgare)* selbst heranzuziehen. Man muß bei der Samenaussaat – entweder im März im Haus oder ab Ende Mai direkt in den Kasten im Freien – nur beachten, daß dieses Kraut zu den Lichtkeimern zählt. Das heißt, daß man die Samen auf keinen Fall mit Erde bedecken darf! Gesät wird in Einheits- oder humose Gartenerde. Wichtig für gutes Gedeihen: ausreichend Wärme und Feuchtigkeit.

166 Aus Samen gezogener Goldmohn kam im Balkonkasten zwar heraus, macht aber trotz guter Pflege einen kümmerlichen Eindruck. Was wurde falsch gemacht?

Goldmohn *(Eschscholzia californica)* läßt sich durchaus leicht selbst aus Samen heranziehen. Man sollte die Jungpflanzen mit etwa 25 cm Abstand in einen Kasten setzen, der mit Einheitserde gefüllt ist. Die Blumen brauchen zum guten Gedeihen nur mäßige Feuchte und einen sonnigen Standort. Auf keinen Fall düngen! Samenkapseln, die sich bald nach dem Verblühen zeigen, regelmäßig entfernen.

Foto: Selbst vermehrte Jungpflanzen bieten preiswertes Pflanzenmaterial und sind auch eine hübsche Geschenkidee.

167 Selbst ausgesäte Garten-Stiefmütterchen wollen nicht recht gedeihen. Die Samen wurden, wie auf dem Tütchen angegeben, im Juni ausgesät. Welcher Fehler liegt vor?

Die Aussaat von Garten-Stiefmütterchen *(Viola-Wittrockiana-Hybriden)* erfolgt im Juni/Juli. Aber der Hobbygärtner muß darauf achten, daß die Pflanzgefäße stets leicht feucht gehalten werden. Einmaliges Austrocknen des Substrats reicht, um das Wachstum der Jungpflanzen zu stoppen. Wichtig: Aussaatgefäße hell, aber nicht vollsonnig stellen und während der Wachstumszeit alle 14 Tage düngen. Da die Stiefmütterchen zweijährig sind und erst im Folgejahr blühen, müssen sie hell und frostfrei überwintert werden. Die Gefäße nie völlig austrocknen lassen.

168 Wie läßt sich Salbei am einfachsten vermehren?

Die Anzucht von Salbei *(Salvia officinalis)* ist einfach: Ab April/Mai kann man den Samen direkt in den Kasten auf Balkon oder Terrasse säen. Und zwar am besten in kalkhaltige Gartenerde. Aber darauf achten, daß die Samen leicht mit Erde bedeckt sind – Salbei ist ein Dunkelkeimer. Anschließend mäßig gießen, in der Wachstumszeit eher trocken halten und nur alle vier bis sechs Wochen düngen. Wer bereits eine Salbei-Mutterpflanze besitzt, kann im Spätsommer davon Stecklinge schneiden.

169 Darf man am Balkon einer Mietwohnung einen Windschutz für seine Pflanzen anbringen? Wenn ja, sind dabei bestimmte Vorschriften zu beachten?
Grundsätzlich kann man einen solchen Windschutz an dem Balkon installieren. Voraussetzung ist jedoch, daß durch eine solche Vorrichtung keine Mitbewohner des Hauses (Nachbarn) beeinträchtigt werden. Außerdem muß man dafür sorgen, daß der Windschutz sicher befestigt ist und daß das Gesamtbild des Hauses nicht verunstaltet wird. Am besten verständigt man sich zuvor mit dem Hausbesitzer.

170 Mit welchen Kletterpflanzen kann man sich schnell eingrünen?
Wer sich einen rasch wachsenden Wind- und Sichtschutz wünscht, kann Feuerbohnen *(Phaseolus coccineus)* pflanzen. Man zieht sie am Fensterbrett Mitte April vor oder sät sie ab Mai direkt ins Gefäß mit einem Abstand von 6 bis 7 cm. Bei den mehrjährigen Pflanzen wachsen Knöterich *(Fallopia aubertii)* und Pfeifenwinde *(Aristolochia macrophylla)* besonders rasch und üppig.

171 Immer wieder gibt es Ärger mit den Bewohnern unterhalb der eigenen Wohnung, weil nach dem Gießen der Blumenkästen Wasser nach unten tropft. Wie läßt sich das vermeiden?
Der Blumenbesitzer muß dafür sorgen, daß der unter ihm wohnende Mieter nicht durch das herabtropfende Wasser belästigt wird. Das geht nur, indem man vorsichtig und nicht zu durchdringend gießt. Also lieber öfter eine kleine Wassergabe für die Pflanzen als eine ungewollte Dusche für die »Untermieter«.

172 Lassen sich auf einem geräumigen Balkon beliebig viele Pflanzkübel aufstellen? Oder muß man gewisse Belastungsgrenzen einhalten?
Durch Kübel und sonstige schwere Gefäße, aber auch Möbel, darf der Balkon nicht mit mehr als 250 kg pro qm belastet werden. Im Zweifelsfall kann man sich an den Hausbesitzer um Rat wenden, da er mit Hilfe der Architektenpläne feststellen kann, wie hoch die Tragfähigkeit des Balkons ist.

173 Der Balkon bietet wenig Standfläche. Mit welchen Pflanzen kann man »in die Luft« gehen?
Hier sind sogenannte Ampelpflanzen ideal, von denen es inzwischen eine

TIP
Viele Pflanzen lassen sich zu Hochstämmchen heranziehen. Man entfernt regelmäßig die Seitentriebe, kappt nach Erreichen der gewünschten Höhe die Spitze und entspitzt von nun an regelmäßig die Triebenden, damit sich eine schöne, buschige Krone bilden kann.

attraktive Auswahl gibt. Geeignete Kandidaten sind: Hängegeranien, Fuchsien, Harfenstrauch, Ampelbegonien, Blaues Gänseblümchen, Glockenblume *(Campanula poscharskyana)*, Kaskadenblume, Blaue Mauritius, Zigarettenblümchen, Hornklee, Pendulaformen von Petunien, Husarenknöpfchen, Kanarische Kresse und viele mehr. Ampelpflanzen sollten nicht zu starkem Wind ausgesetzt sein.

174 **Der Besitzer einer Eigentumswohnung möchte an seinem Balkon Blumenkästen anbringen. Ist das ohne weiteres zulässig?**

Der Besitzer einer Eigentumswohnung – wie übrigens auch der Mieter einer Mietwohnung – darf an dem zur Wohnung gehörenden Balkon Kästen anbringen und nach seinem Geschmack bepflanzen. Zu beachten ist jedoch, daß die Kästen sicher befestigt werden. Um unnötigen Ärger zu vermeiden, sollte man sich als Wohnungseigentümer aber vor dem Anbringen der Blumenkästen mit den anderen Eigentümern der Hausgemeinschaft verständigen. Im Regelfall wird niemand etwas gegen hübsch bepflanzte Blumenkästen einwenden.

175 **Besonders älteren Menschen fällt es oft nicht leicht, die schweren Pflanzgefäße ein- oder auszuräumen. Gibt es dafür nicht irgendwelche praktischen Hilfsmittel?**

Vielfach wird das Tragen der bepflanzten Kübel – nicht nur für ältere Menschen – zum Problem. Aber es gibt die Möglichkeit, sich die Ein- und Ausräumarbeit zu erleichtern. So kann man im Fachhandel Untersetzer mit Rollen kaufen, auf denen sich die Kübel bequem hin- und herschieben lassen. Für besonders schwere Gefäße kann man sich eine stabile Sackkarre zulegen, die Lasten bis zu 200 kg mühelos trägt.

176 **Kann man es wagen, Efeu im Kübel heranzuziehen, oder wuchern diese Kletterpflanzen so üppig, daß sie zum Problem werden können?**

Für die Bepflanzung von Kübeln eignen sich die grünen und buntlaubigen Sorten des Efeus *(Hedera helix)* durchaus. Zwar werden die Triebe bis zu fünf Meter lang, aber sie sollten an Stäben oder Gittern gezogen werden, was allein schon platzsparend ist. Außerdem verträgt Efeu das ganz Jahr über einen leichteren Formschnitt. Muß aber einmal kräftig zurückgeschnitten werden, so sollte dies am besten Ende Juni erfolgen. Ansonsten ist Efeu relativ pflegeleicht, es mag nur keine Staunässe.

TIP

Für Schling- und Kletterpflanzen gibt es Kletterhilfen in Form von Bögen, Leitern oder Spalieren. Triebe locker an die Hilfe anbinden.

177 Bekannten soll zum Einzug ins neue Haus ein ebenso hübsches wie pflegeleichtes Blumengeschenk für den Balkon mitgebracht werden. Welche Pflanze eignet sich für diesen Zweck besonders gut?
Eine attraktive, aber ohne Schwierigkeiten zu haltende hübsche Pflanze ist das Portulakröschen *(Portulaca grandiflora)*. Es gibt Portulakröschen in verschiedenen Farben – etwa in Weiß, Gelb oder Orange, aber auch in Rosa oder Karminrot. Die Pflanze verlangt nur wenig Wasser und etwa alle vier Wochen eine Düngergabe. Die Blütezeit reicht von den Monaten Juni bis August.

178 Kann man Rosen, die bekanntlich tief wurzeln, auch in Kästen oder Kübeln halten?
Die Rosenzüchter haben längst Sorten entwickelt, die schwächer wachsen und wurzeln. Für den Kübel empfehlen sich auf Hochstämme veredelte Zwerg- oder Bodendeckerrosen wie 'Swany', 'The Fairy' oder 'Sonnenkönigin'. Auch niedrige Beetrosen wie 'Champagner', 'Bonica', 'Goldmarie' oder 'Marlena' sind geeignet. In Kästen oder Schalen gedeihen Zwergrosen-Sorten wie 'Baby Maskerade', 'Sonnenkind', 'Daniela' oder 'Scarletta' zufriedenstellend.

179 Auf welche Pflanzen muß man auf einem extrem windexponierten, zugigen Balkon verzichten?
Starke Windböen bekommen den wenigsten Pflanzen. Sie trocknen übermäßig aus und zerstören vor allem krautige Arten mit langen oder zierlichen Trieben. Besonders windempfindliche Balkonblumen sind die Brüchige Glockenblume *(Campanula fragilis)*, das Zigarettenblümchen, alle Fuchsien, Heliotrop, Elfenspiegel, Trompetenzunge und die Thunbergie. Bei den Kübelpflanzen sind windgefährdet: Schönmalve, Bougainvillee, Trompetenblume, Bartblume, Engelstrompete, alle Fuchsien, Hibiskus, Veilchenstrauch und Lagerströmie. Außerdem Lilien, Ziertabak, Bleiwurz, Palmen, Zierbananen und Nachtschattengewächse.

180 Welche Sorten der Waldrebe eignen sich zur Kultur im Kübel?
Besonders geeignet für die Kübelkultur sind die schwachwüchsigen Wildformen und deren Sorten, zum Beispiel *Clematis alpina* und *C. macropetala* sowie zahlreiche Hybriden. Der ideale Standort ist hell bis halbschattig, die Blüten sollten in der Sonne, der Wurzelbereich im Schatten sein.

Foto: Die Klematis wird immer häufiger in Gefäßen gezogen. Besonders geeignet sind die Alpenwaldreben (Clematis alpina und Clematis macropetala). Aber auch die hier abgebildete Hagley-Hybride gedeiht gut im Gefäß.

181 Wie kann man ein mit zahlreichen Öffnungen versehenes Pflanzgefäß, einen sogenannten Erdbeertopf, bepflanzen?

Je nach Lust und Laune kann man in solche Gefäße beispielsweise – wie der Name schon sagt – Monatserdbeeren pflanzen. Das sieht hübsch aus und die Ernte läßt sich zudem verspeisen. Geeignet ist auch die Bepflanzung mit Kräutern, Sommerblumen oder verschiedenen hübsch angeordneten Sukkulenten. Es empfiehlt sich jedoch, den Pflanzkübel hin und wieder zu drehen, damit die Gewächse gleichmäßig Licht und Sonne erhalten.

182 Der Balkon ist leider nur sehr klein, soll aber trotzdem durch Pflanzen verschönert werden. Wie läßt sich das so gestalten, daß man auch noch Platz für einen Liegestuhl freibehält?

Im Fachhandel bekommt man spezielle Bodentöpfe, die auf zwei ihrer Seiten rechtwinklig und vorn abgerundet sind. Diese Gefäße sind eigens für Ecken auf Kleinbalkonen gemacht, ihr Platzanspruch ist gering. Hübsch bepflanzt, machen solche Schalen und Gefäße auch den kleinen Balkon zum »Wohnzimmer im Grünen«.

183 Wie kann man Balkonkästen saisonal immer wieder anders präsentieren? Welche Bepflanzungsvorschläge gibt es?

Wer genügend Kästen hat, kann seinen Balkon zu jeder Jahreszeit anders gestalten. Im Frühling zum Beispiel mit kleinen Wildtulpen (*Tulipa-Hybriden*) Kissenprimeln (*Primula-Hybriden*) und Alpenaurikeln (*Primula auricula*). Im Sommer mit Petunien (*Petunia-Hybriden*) in verschiedenen Pinktönen, zusammen mit blauem Männertreu (*Lobelia erinus*). Im Herbst sieht ein mit Efeu (*Hedera helix*), Kriechwacholder (*Juniperus*) und Heide (*Erica*) bepflanzter Kasten sehr attraktiv aus. Im Winter können zwischen kleinbleibende Säulen-Koniferen, Schneeheide (*Erica herbacea*) und Efeu (*Hedera helix*) bunte Strohblumen gesteckt werden.

184 Eine leicht schattierte Terrasse soll fernstöstliche Stimmung bekommen. Welche Pflanzen sind geeignet und welche Ausstattung paßt?

Schattiges, gedämpftes Licht mit ein paar Sonnentupfern dazwischen, wie es ein großer Laubbaum, z. B. ein Ahorn, vor der Terrasse bewirkt, sind ideale Voraussetzungen für ein fernöstliches Ambiente. Holzbelag auf dem Boden, Strohmatten als Be-

TIP

Wer eine Dachterrasse mit Kübelpflanzen ausstatten möchte, muß auf die Belastbarkeit des Untergrunds achten. Kübelpflanzen können sehr schwer werden.

grenzung, Keramikgefäße mit asiatischen Ornamenten, eine japanische Steinlaterne und Bambusmöbel schaffen den Rahmen für folgende Pflanzen: Goldorange (*Aucuba*), verschiedene Bambusarten, Buchs (*Buxus*), Zypresse (*Cyperus cashmeriana*), Efeu (*Hedera helix*), verschiedene Farne sowie verschiedene Rhododendren (*Rhododendron*) und Azaleen .

185 Auf dem Balkon soll ein Duftgefäß und ein »Naschkasten« für Kinder stehen. Welche Bepflanzung eignet sich?

Ideal für eine duftende Bepflanzung sind Duftblattpelargonien. Ihre oft samtigen Blätter verströmen je nach Art bei Berührung Düfte nach Zitrone, Rosen, Minze, Mandeln, Flieder, Äpfeln, Kampfer, Pfeffer oder Fichtennadeln. Die wichtigsten Arten sind: *Pelargonium capitosum* (rosenduftend), *P. crispum* und *P. x citrosum* (nach Zitrone duftend), *P. extipulatum* (nach Minze duftend), *P. graveolens* (rosenduftend), *P. papilionaceum* (nach Fichtennadeln duftend), *P. tomentosum* (nach Minze duftend). Die Pflanzen sind nicht überall erhältlich, aber sehr leicht durch Stecklinge zu vermehren. Es lohnt sich also, einen Ableger mitzunehmen, wenn man auf diese duftenden Raritäten trifft.

Für den »Naschkasten« empfehlen sich Monatserdbeeren, die sich übrigens auch ganz leicht aus Samen selbst heranziehen lassen.

186 Welche Duftpflanzen kann man draußen in Gefäßen halten?

Es gibt eine ganze Reihe Arten für Balkon und Terrasse, die reichlich Duft verbreiten. Die bekanntesten sind: Zitronenstrauch (*Aloysia triphylla*), Zistrose (*Cistus*), Zitronen- und Orangenbaum (*Citrus*-Arten), Engelstrompete (*Datura*), Zitroneneukalyptus (*Eucalyptus citriodora*), Vanilleblume (*Heliotropium*), Prunkwinde (*Ipomoea*), Jasmin (*Jasminum*-Arten), Mandeville (*Mandevilla laxa*), Duftwicke (*Lathyrus odorata*), Ziertabak (*Nicotiana*), Duftblüte (*Osmanthus*) und Klebsame (*Pittosporum*). Es ist aber empfehlenswert, nicht zu viele Duftakzente zu setzen. Viele Pflanzen duften abends, wenn man gern noch ein wenig draußen sitzt, am meisten und ihr starker Geruch kann manchmal sogar Kopfschmerzen bereiten.

TIP

Wer keinen Platz zum Überwintern hat, kann auch ganz normale, winterharte Gartenstauden und -gehölze in Gefäßen ziehen. Fragen Sie nach kleinbleibenden Arten und Sorten.

Fragen und Antworten zu Kakteen und anderen Sukkulenten

Foto: In Gruppen sind blühende Kakteen und andere Sukkulenten, wie zum Beispiel Echeverien, am schönsten.

Kaum eine Pflanzengruppe erfreut sich so großer Beliebtheit. Warum? Weil sie – oft über Nacht – prachtvoll blühen und dabei von Hause aus sehr anspruchslos sind. Eigentlich nehmen sie es nur übel, wenn man sie zuviel gießt oder im Winter zu warm hält. Dennoch gibt es einiges bei der Pflege zu beachten, tauchen Fragen und Probleme auf. Lesen Sie die nächsten Seiten.

187 Die Stränge des Peitschenkaktus werden langsam weich. Die ganze Pflanze beginnt stark zu kümmern. Woran kann das liegen? Was läßt sich dagegen unternehmen?

Normalerweise ist der Peitschenkaktus *(Aporocactus flagelliformis)* eine recht robuste Pflanze. Empfindlich reagiert er allerdings auf Staunässe. Wahrscheinlich hat man es mit dem Gießen zu gut gemeint. Im Sommer will diese Kaktee oft mit weichem Wasser gegossen werden, im Winter soll sie dagegen nur eben feucht gehalten werden. Gießfehler abstellen und für gute Dränage sorgen.

188 Der bisher so herrliche Corryokaktus kümmert. Die Pflanze wurde kürzlich erworben und aus dem zu kleinen Topf in ein größeres Gefäß umgetopft. Am Gießen kann es nicht liegen. Was mag die Ursache für das Kümmern sein?

Wenn der Corryokaktus *(Corryocactus)* nach dem Umtopfen zu kümmern beginnt, kann es daran liegen, daß die an und für sich pflegeleichte Pflanze in ungeeignetem Substrat steht. Corryokakteen verlangen nämlich einen sandigen und sehr nährstoffreichen Boden. Am besten gedeiht der Kaktus in im Handel erhältlicher Kakteenerde. Auf gute Dränage achten.

189 Nach der Winterpause will der Seeigelkaktus trotz ordentlicher Pflege einfach nicht seine schönen weißen Blüten hervorbringen. Wie bringt man die Pflanze zum Blühen?

Wenn der Seeigelkaktus *(Echinopsis multiplex)* nach der Winterpause keine Blüten hervorbringt, so liegt das vermutlich daran, daß er entweder zu warm oder zu feucht überwintert wurde. Diese Kakteen mögen ein kühles und trockenes Winterquartier. Für reichliche Blüten sorgt aber auch ein stark nährstoffhaltiges Substrat, das wasserdurchlässig sein muß.

190 Der Weihnachtskaktus hatte bereits zahlreiche Blütenknospen angesetzt. Doch nach und nach fielen die Knospen ab. Woran kann das nur liegen?

Der Weihnachtskaktus *(Schlumbergera-Hybride)* ist eine sehr beliebte, aber auch ziemlich einfach zu pflegende Pflanze. Etwa ab Dezember – daher der Name – bis Januar/Februar blühen diese Kakteen meist sehr willig. Allerdings vertragen sie keinen Standortwechsel mit damit verbundenem wechselnden Lichteinfall. Das führt zum Abwerfen der Knospen. Deshalb die Pflanze nach dem Putzen des Fensterbretts stets wieder in derselben Position wie zuvor an denselben Ort stellen.

Foto: Weihnachtskakteen (Schlumbergera-Hybriden) blühen besonders reich, wenn man sie im Sommer draußen an einem halbschattigen Platz hält.

191 Was ist nur mit der bisher so üppigen Wüstenrose los? Im Winterquartier ließ die Pflanze plötzlich alle Blätter fallen. Geht sie nun ein?
Keine Sorge, die Wüstenrose *(Adenium obesum)* wird nicht eingehen. Die ansonsten pflegeleichte Sukkulente läßt nur deshalb die Blätter fallen, weil sie zu kühl gehalten wurde. Eigentlich hätte man die Wüstenrose gar nicht ins Winterquartier zu stellen brauchen. Sie verträgt auch während der kalten Jahreszeit gut unsere gewohnten Zimmertemperaturen. In diesem Fall wächst die Pflanze weiter, braucht also auch mehr Wasser als an kühleren Standorten.

192 Das Rosetten-Dickblatt hat ganz herrliche gelbe Blüten hervorgebracht. Doch nach der Freude kam der Kummer: Die Pflanze scheint ernstlich krank zu sein. Sie kümmert von Tag zu Tag mehr. Woran kann das nur liegen?
Es handelt sich hier um einen ganz natürlichen Vorgang, denn nach dem Verblühen der gelben, weißen oder rötlichen Blüten des Rosetten-Dickblattes *(Aeonium)* sterben die blütentragenden Teile der Pflanze, manchmal sogar die ganze Pflanze ab. Das ist auch bei *Aeonium tabuliforme* der Fall.

TIP

Damit man sich beim Umtopfen von Kakteen nicht verletzt, faßt man die bedornten Pflanzen mit Styroporstückchen oder einer Gurkenzange an.

193 Um mit einer Kakteensammlung zu beginnen, wurde im Fachgeschäft zum Kauf eines Cleistocactus smaragdiflorus geraten. Angeblich sollte die Pflanze rote Blüten bekommen. Doch trotz aller befolgter Ratschläge will der Kaktus nicht blühen. Was wurde falsch gemacht?
Wenn alle Ratschläge befolgt wurden, liegt kein Pflegefehler vor. Allerdings braucht man beim *Cleistocactus smaragdiflorus* etwas Geduld, denn diese sonst sehr anspruchslosen Kakteen beginnen erst ab einer Größe von etwa 30 cm Länge zu blühen. Übrigens kann man die Pflanze von Juni bis September auch ruhig ins Freie stellen, wenn sie regelmäßig feucht gehalten wird. Während des Wachstums abends sprühen. Überwinterung bei 10 Grad Celsius, Substrat darf nie austrocknen.

194 Bekannte brachten einen Acanthocalycium violaceum mit. Leider war keine Pflegeanleitung dabei. Wie hält man die Pflanze artgerecht, welchen Standort mag sie?
Acanthocalycium violaceum bekommt bei guter Pflege veilchenfarbene Blüten. Die Pflanze möchte sonnig bis halbschattig stehen. Sie braucht nur mäßig Feuchtigkeit im Sommer, im Winter will sie trocken und bei etwa 10 Grad Celsius gehalten werden. Die Erde sollte nährstoffreich und leicht sauer sein.

195 Angeblich läßt sich der Igelsäulenkaktus während des Sommers auch gut im Freien halten. Welchen Standort bevorzugt die Art Echinocereus pentalophus?
Echinocereus pentalophus bevorzugt in jedem Fall einen vollsonnigen Standort und ein Substrat, das reich an Nährstoffen ist. Im Sommer reichlich gießen, aber auf gute Dränage achten. Im Winter sollte die Pflanze hell, völlig trocken und kühl stehen. Ein Sommer im Freien bekommt der Pflanze sehr gut.

196 Die Wurzeln eines Echinofossulocactus violaciflorus drängen aus den Löchern des Topfes. Wahrscheinlich muß umgetopft werden. Aber wie macht man das?
Auf jeden Fall sehr vorsichtig, denn die Stacheln sind gefährlich! Stets Handschuhe tragen! Wenn die Wurzeln des *Echinofossulocactus violaciflorus* aus den Topflöchern quellen, wird es allerhöchste Zeit fürs Umtopfen. Die beste Zeit dafür ist das Frühjahr. Die Erde sollte gut abgetrocknet sein, damit sich der Wurzelballen besser aus dem Topf löst. Falls die Erde zu hartnäckig am alten Topf hängt, muß man ihn zerschlagen. Das neue Gefäß sollte etwas größer als das bisherige sein. Alte Erde abschütteln, neuen Topf dränieren und Pflanze in neues Substrat setzen. Gießrand einhalten. Nach dem Eintopfen etwa acht Tage mit dem Gießen aussetzen. Gedüngt wird erst wieder nach ein paar Wochen, damit sich die Pflanze eingewöhnen kann.

197 Erstmals wurde der Versuch gewagt, einen in einer Ampel gehaltenen Heliocereus speciosus während des Sommers im Freien aufzuhängen. Leider scheint das der Pflanze nicht gut zu bekommen. Sie kümmert merklich. Woran liegt das?
Viele Kakteenfreunde lieben den *Heliocereus speciosus,* der bei richtiger Pflege hübsche dunkelrote Blüten bekommt. Allerdings trocknen die Pflanzen in den Ampeln ziemlich rasch aus. Da diese Kakteen besonders im Freien viel Wasser verlangen, sollte man die Feuchtigkeit regelmäßig überprüfen. Damit die Pflanze auch wirklich blüht, muß sie hell und kühl überwintert werden.

198 Eine bisher gut gedeihende Aasblume zeigte bei der Kontrolle im Winterquartier schrumpelige Sprosse. Liegt ein Pflegefehler vor?
Wenn die Sprosse der Aasblume *(Stapelia variegata)* zu schrumpfen beginnen, liegt in der Tat ein Pflegefehler vor. Die Stapelien brauchen im Sommer nur während der Wachstumsperiode knappe Wassergaben, im Winter wollen sie dagegen nahezu trocken stehen.

TIP
Nicht alle Kakteen sind ausgesprochene Sonnenkinder. Blattkakteen zum Beispiel wohnen in ihrer Heimat in Bäumen und mögen Halbschatten viel lieber.

Foto: Eine exotische Gesellschaft aus Opuntien, Agaven, Christusdorn und Sommerblumen wie Gazanien und Kapastern.

199 Die Hauswurz-Pflanzen im neuangelegten Steingarten verkümmern zusehends und scheinen abzusterben. Welche Ursachen kann das haben? Gibt es Abhilfe?

Nur keine Sorge, der Vorgang ist natürlich. Die Rosetten der Hauswurz *(Sempervivum tectorum)* sterben immer nach der Blütezeit ab. Aber glücklicherweise bilden die als Steingartenpflanzen oder Mauerschmuck sehr beliebten Gewächse rechtzeitig Ausläufer. Bei genauem Hinschauen lassen sich die Jungpflanzen auch erkennen. Nachpflanzungen durch den Hobbygärtner sind daher also überflüssig.

200 Eine vor etlichen Jahren aus dem Spanienurlaub mitgebrachte Agave wird mit der Zeit immer üppiger. Die Pflanze fällt mittlerweile beim geringsten Luftzug um. Größere Töpfe haben auf der Fensterbank aber keinen Platz mehr. Was läßt sich unternehmen?

Kein Problem! Man kann die Agave *(Agave americana)* doch einfach in ein größeres Gefäß umtopfen und als Kübelpflanze pflegen, entweder an einem sonnigen Platz im Zimmer oder nicht zu warmen Wintergarten oder – noch besser – auf dem Balkon oder im Garten. Im Winter sollte man die sonst sehr robusten Agaven einräumen und nicht unter 5 Grad Celsius, aber trocken halten.

201 Die Königin der Nacht entwickelte Blütenknospen, die sich eines Abends auch wundervoll entfalteten und einen herrlichen Duft verbreiteten. Aber schon am nächsten Morgen war die Pracht vorüber. Wurde bei der Pflege etwas falsch gemacht?

Absolut nicht! Die Königin der Nacht *(Selenicereus grandiflorus)* blüht und duftet zwar wundervoll, aber leider halten die Blüten nur wenige Nachtstunden. Schon am Tag darauf welken sie. Ansonsten soll man die relativ leicht zu haltende Pflanze im Sommer leicht feucht, im Winter dagegen fast trocken halten. Es fördert den Blütenansatz, wenn man diese Kaktee während der kühleren Jahreszeit für einige Wochen Temperaturen von etwa 10 Grad Celsius aussetzt.

202 Was ist zu tun, damit die Kakteen während der Ferien nicht verdursten?

Wenn man für etliche Wochen verreist, kann man spezielle Dochte (im Fachhandel erhältlich) in die einzelnen Töpfe stecken und diese gemeinsam auf eine Vliesmatte, z. B. auf die Geschirrablage der Spüle, stellen. Die Dochtenden hängt man in einen mit ausreichend Wasser gefüllten Behälter. Die Pflanzen saugen nun nach Bedarf ihre Feuchtigkeit über die Dochte aus dem Reservoir in ihr Substrat. Das ganze funktioniert nach dem Prinzip der Kapillarwirkung.

203 Der sonst stets blühwillige Osterkaktus setzte zwar auch jetzt wieder zahlreiche Blüten an, aber nach dem Umzug warf er alle Knospen ab. Woran kann das liegen?
Der Osterkaktus *(Rhipsalidopsis-Hybride)* ist normalerweise eine genügsame Kaktee. Allerdings mag er weder Veränderungen des Lichteinfalls noch größere Temperaturschwankungen. In diesem speziellen Fall wurde die Pflanze durch den Umzug zwangsläufig beidem ausgesetzt. Das führte zum Knospenabwurf.

204 Seit einiger Zeit wirft die sonst so schöne Madagaskarpalme von unten her ihre Blätter ab. Was mag die Ursache dafür sein? Wie läßt sich das abstellen?
Wenn die Madagaskarpalme *(Pachypodium)* tatsächlich nur ihre unteren Blätter abwirft, so gehört das zu dem arteigenen, normalen Verhalten dieser Sukkulente. Bei Abwurf von am Rand schwärzlich verfärbten Blättern können jedoch zuviel Feuchtigkeit oder zu starke Trockenheit der Grund sein. Staunässe vermeiden.

205 Im Laufe des Winters haben sich an der Blattkaktee 'Roter Stern' häßliche und ziemlich mickrige Triebe gebildet. Ist das normal? Oder was muß man dagegen unternehmen?
Die Blattkakteen *(Epiphyllum-Hybriden)* brauchen während der kühleren Jahreszeit besonders viel Helligkeit. Sonst bilden sie – wie in diesem Fall – Geiltriebe aus. Man schneidet diese dünnen Triebe ab und verschafft der Pflanze ausreichend Helligkeit. Ansonsten brauchen diese Kakteen eine Überwinterungstemperatur zwischen 10 bis 15 Grad Celsius bei ständig mäßig-feuchter Erde. Oder aber man hält sie trocken, dann aber bei Temperaturen um 5 Grad Celsius.

206 Mit dem Pfennigbaum stimmt etwas nicht! Die Pflanze bekommt lange, aber lasche Triebe und wird immer unansehnlicher. Welche Ursachen kann das wohl haben?
Der Pfennig- oder Geldbaum *(Portulacaria afra)* mit seinen fleischigen Blättern braucht stets einen sehr hellen Standort. Steht die Sukkulente zu dunkel, so kommt es zur Vergeilung der Triebe. Entfernen Sie die unansehnlichen Teile.

TIP
Kakteen reagieren empfindlich, wenn man den Pflanzenkörper mit Wasser benetzt. Lieber in den Untersetzer gießen. Überschüssiges Wasser nach einer Weile entfernen, Staunässe ist genauso schädlich.

207 Es ist geplant, eine kleine Sammlung von Kakteen und anderen Sukkulenten anzulegen. Im Haus gibt es sowohl Fenster mit Süd- als auch mit Nordlage. Welcher Standort ist empfehlenswerter?

In diesem Fall wäre die Südlage besser geeignet. Kakteen und andere Sukkulenten bevorzugen grundsätzlich helle Standorte, mögen aber in der Regel keine pralle Mittagssonne. Deshalb sollte man unbedingt darauf achten, daß man die Pflanzen zwischenzeitlich etwas vor zu starkem Sonneneinfall schützen kann. Am besten geeignet sind Fenster in Südwest- oder Südostlage.

208 Bekannte schenkten einen Feigenkaktus-Ableger. Wie topft man die Pflanze ein, und wie wird sie gepflegt?

Der in den Mittelmeerländern wildwachsende Feigenkaktus *(Opuntia ficus-indica)* sollte auf keinen Fall mit bloßen Händen angefaßt werden, da seine Glochiden empfindliche Schmerzen verursachen können. Am besten packt man den Ableger mit Handschuhen oder Wellpappestreifen an. In einen ausreichend großen Topf (lieber etwas größer als kleiner) legt man eine Tonscherbe, einen Stein oder ein Blähtonkügelchen auf das Dränageloch. Darüber kommt ein Vlies (im Handel erhältlich). Dann wird etwas mit Lehm angereichertes Substrat eingefüllt. Nun setzt man die Opuntie in die Topfmitte und füllt ringsherum mit Substrat auf. Vorsichtig andrücken, bis die Pflanze fest sitzt. Gießrand nicht vergessen. Nach dem Eintopfen soll man die Pflanze gut acht Tage lang nicht gießen. Gedüngt wird erst nach ein paar Wochen. Opuntien brauchen viel Sonne und Wasser im Sommer. Im Winter mögen sie einen hellen, trockenen Standort, der nicht zu kalt sein sollte.

209 Lassen sich Kakteen und andere Sukkulenten auch in Hydrokultur pflegen? Müssen dabei besondere Regeln beachtet werden? Gibt es für Hydrokultur besonders geeignete Pflanzen?

Eine beachtliche Anzahl von sukkulenten Pflanzen läßt sich in Hydrokultur ziehen. Am besten sollte man Stecklinge oder junge Pflanzen bereits in erdelosen Substraten bewurzeln lassen. Die bewurzelten Pflanzen kommen in spezielle Hydrotöpfe mit Tongranulat. Darauf achten, daß der Wasserstandsanzeiger nur im Sommer auf der Marke »Optimum« stehen darf. Vor dem Nachgießen sollte er drei Tage auf der Marke »Minimum« stehen. Auch während der Ruhezeit von November bis März sollte der Wasserstand nur minimal sein. Besonders gut eignen sich Opuntien, aber auch manche Kugel- und Säulenkakteen für die Hydrokultur.

TIP

Ideale Anfänger-Kakteen sind Echinocereen, Notokakteen, Zwergsäulenkakteen, Lobivien und Mammillarien.

Foto: Kakteenfrühling am Fenster. Oft stecken die zunächst abweisenden, dornigen Kugeln buchstäblich über Nacht ihre leuchtend bunten Blüten auf.

210 Wie pflegt man eine Gasteria verrucosa? Ist die Kultur dieser schönen Sukkulente für einen Anfänger schwierig?

Überhaupt nicht! Die aus Süd- und Südwestafrika stammende Pflanze ist geradezu ideal für Anfänger. Sie liebt sonnige bis schattige Standorte und braucht während des Sommers regelmäßig Wasser. Der Boden muß humos sein, aber er sollte einen großen Anteil an Perlite oder Bims aufweisen. Während des Winters hält man die *Gasteria verrucosa* ziemlich trocken bei einer Temperatur über 10 Grad Celsius.

211 Stellt der Warzenkaktus Mammillaria klissingiana besondere Ansprüche an den Hobbygärtner und Kakteenfreund?

Wie alle Warzenkakteen, so ist auch *Mammillaria klissingiana* besonders leicht zu pflegen und gehört zu den blühwilligsten Arten. Diese Kaktee verlangt einen hellen, sonnigen bis halbschattigen Standort und relativ wenig Wasser. Staunässe wird nicht toleriert. Das Substrat sollte nährstoffreich und sandig-kiesig sein. Überwintert wird an einem hellen, relativ kühlen Platz. Pflanze trocken halten.

212 Welche Kakteen eignen sich gut für einen jungen Anfänger, der mit relativ pflegeleichten Pflanzen eine Kakteensammlung beginnen möchte?

In diesem Fall ist besonders der Buckelkaktus *(Notocactus)* zu empfehlen. Diese Pflanzen sind anspruchslos und bewahren den Anfänger vor größeren Enttäuschungen. Buckelkakteen mögen es gerne warm, aber nicht zu sonnig. Das Substrat sollte leicht sauer und sandig-humos sein. Im Sommer wird es nur eben feucht gehalten. Überwintert wird die Pflanze kühl und trocken. Ideal für Anfänger sind aber auch Warzenkakteen oder Rebutien, die sonnige Standorte bei hoher Luftfeuchtigkeit bevorzugen und im Winter hell, trocken und bei maximal 8 Grad Celsius stehen wollen.

213 Im Garten von Bekannten blüht die Fetthenne ganz wunderbar. Im eigenen Balkonkasten jedoch überhaupt nicht. Woran kann das wohl liegen?

Die Fetthenne, auch Mauerpfeffer *(Sedum pachyphyllum)* genannt, ist bei Ihren Bekannten sehr wahrscheinlich auf einer Steinmauer angesiedelt. Dort bezieht sie nicht nur volle Sonneneinstrahlung von oben, sondern auch noch die für die Blüte wichtige Wärme von den warmen Steinen der Mauer. Im Balkonkasten fehlt der Pflanze diese »doppelte« Wärmeration.

214 Die wegen ihrer weißen Wollbehaarung hübsch anzusehende Espostoa lanata ist das Prachtstück der Kakteensammlung. Ist eine besondere Pflege anzuraten?

Die *Espostoa*-Kakteen sind in der Tat besonders faszinierend. Am hellen Fenster lassen sich vor allem jüngere Pflanzen leicht halten. Ihre Kultur ist ziemlich einfach. Die Pflanzen lieben viel Sonne und ein nährstoffreiches, aber lockeres Substrat. Gegossen wird nur bei warmem Wetter. Wenn man die Kaktee mit kalkhaltigem Wasser übersprüht, können sich häßliche Kalkflecken auf dem weißen Haarbesatz bilden. Der Winterstandort sollte kühl sein. Pflanze im Winter trocken halten. Die Vermehrung erfolgt durch Samen.

215 Wie kommt es, daß eine Lobivia tiegeliana trotz regelmäßigen Gießens einfach nicht blühen will? Liegt ein anderer, schwerwiegender Pflegefehler vor?

Abgesehen davon, daß *Lobivia tiegeliana* im Sommer mehr gegossen werden will als die meisten Kakteen, ist die Kultur einfach. Das Substrat sollte nährstoffreich und sandig-lehmig (mit viel Bimskies vermischt) sein. Zum Blühen bringt man diese Kaktee aber nur, wenn sie im Winter völlig trocken und bei Temperaturen zwischen 4 und 8 Grad Celsius gehalten wird.

216 Stimmt es, daß der mexikanische Rauschgiftkaktus hochgiftig ist? Darf man diese Pflanze bei uns überhaupt halten?

Der schon bei den Azteken wegen seiner angeblich magischen Kräfte sehr verehrte Rauschgiftkaktus *Lophophora williamsii*, in Mexiko auch Peyotl genannt, bildet in seiner Urheimat tatsächlich größere Mengen des Alkaloids Mescalin aus. Die Einnahme von Mescalin führt zu schweren Rauschzuständen mit anschließenden Lähmungserscheinungen. In unseren Breiten bildet die Pflanze nur wenig Alkaloid aus. Ihre Kultur ist Sammlern durchaus erlaubt.

217 Läßt sich in unseren Regionen der mittelamerikanische Melonenkaktus halten? Worauf muß besonders geachtet werden?

Ganz einfach ist die Kultur dieser schönen Pflanzen nicht, da sie neben einem sonnigen Stand auf warmem Boden auch regelmäßig feuchtwarme Luft zum Gedeihen brauchen. Deshalb muß man den Melonenkaktus *(Melocactus maxonii)* häufig mit lauwarmem, entkalktem Wasser übersprühen. Gegossen wird er dagegen nur mäßig. Das Substrat sollte sauer und sandig sein. Am warmen Winterstandort darf die Erde nie ganz austrocknen. Fachleute nehmen an, daß der Melonenkaktus der erste Kaktus war, den Europäer aus Mittelamerika zu uns mitgebracht haben.

TIP

Wenn ein Kaktus auffällig kümmert, ist er möglicherweise von Wurzelläusen befallen. Man topft ihn sofort aus, entfernt die schimmelartigen Gespinste zwischen den Wurzeln mitsamt der alten Erde, gibt ihn in neue Erde und gießt mit einem Insektizid.

218 Seit etwa drei Jahren wird die Bischofsmütze gepflegt und gehegt. Leider will der Kaktus nicht blühen. Woran kann das liegen?

Wärme und relativ viel Sonne braucht die Echte Bischofsmütze *(Astrophytum myriostigma)*. Das Substrat sollte schwach sauer, lehmig-humos und mit Bimskies vermischt sein. Wenig gießen und bei knapp 10 Grad Celsius trocken überwintern. Wenn die Bischofsmütze bisher trotz artgerechter Pflege nicht geblüht hat, so liegt das an der Jugend der Pflanze. Diese Kakteen blühen nämlich erst etwa ab dem fünften Jahr.

219 Ist die Kultur der Mondsteine im Haus schwierig? Sind Besonderheiten bei der Pflege zu beachten?

Mondstein oder Dickblatt *(Pachyphytum oviferum)* heißen die glatten Rosettenpflanzen, deren Kultur völlig problemlos auf der Fensterbank erfolgen kann. Die recht anspruchslose Pflanze will einen hellen, sehr sonnigen Platz und ein mäßig feuchtes Substrat. Im Winter sollte man ganz wenig gießen und das Dickblatt kühler stellen. Nicht auf die Pflanze gießen.

220 Kann man eine Trichodiadema mirabilis auch im Freien halten? Und kommt sie dann dort auch zum Blühen?

Die als niedriger Strauch wachsende *Trichodiadema mirabilis* gilt als sehr problemlose Sukkulente. Ein Sommeraufenthalt im Freien tut der Pflanze, die hübsche weiße Blüten hervorbringt, nur gut. Allerdings muß sie reichlich gegossen werden. Im Winter sollte man die Sukkulente trocken und hell und bei Temperaturen über 8 Grad Celsius halten.

221 Was muß der Hobbygärtner beachten, damit seine Haworthien wirklich gut gedeihen? Gibt es irgendwelche Besonderheiten bei der Pflege?

Alle Haworthien *(Haworthia)* lieben helle bis halbschattige Standorte. Sie sollten während der Wachstumsperiode stets ausreichend mit Wasser versorgt werden, brauchen aber auch während ihrer Ruhezeit genügend Feuchte. Haworthien müssen im Winter kühl gehalten werden. Es gilt eine Besonderheit zu beachten: Man muß diese prächtigen Pflanzen regelmäßig umtopfen, da sie Jahr für Jahr Teile ihrer Wurzeln abstoßen. Ohne Umtopfen würden die abgestoßenen Wurzeln sonst faulen.

Tip

Wußten Sie, daß das Mittagsblumengewächs Trichodiadema stark einer Kakteenart mit Namen Dolichothele zum Verwechseln ähnelt? Diese gleichartige Entwicklung von zwei fremden Pflanzenfamilien, die oft durch Ozeane getrennt stattgefunden hat, nennt der Fachmann Konvergenz.

222 Ist es möglich, die schöne Mittagsblume hinaus ins Freie in den Steingarten zu pflanzen? Oder vertragen das diese Gewächse nicht?
Die Pflege von Mittagsblumen *(Delosperma cooperi)* bereitet keine größeren Probleme. Die Pflanzen vertragen den Sommeraufenthalt im Freien, also auch im Steingarten, sehr gut. Sie brauchen nicht allzu stark gegossen zu werden. Allerdings sind Mittagsblumen empfindlich gegen Kälte. Das bedeutet, daß sie während der kalten Jahreszeit in einem Winterquartier untergebracht werden müssen, denn Temperaturen unter 5 Grad Celsius vertragen sie nicht.

223 Trotz regelmäßigen Gießens und guter Versorgung mit Nährstoffen beginnt eine Echeverie merklich zu kümmern. Was wurde bei der Pflege falsch gemacht?
Die Echeverien *(Echeveria)* stellen eigentlich keine großen Ansprüche. Sie lieben Luft und Sonne, stickstoffarme Düngung, ein humos-sandiges Substrat und ausreichende Feuchtigkeit. Aber Vorsicht beim Gießen: Nie in die Rosetten gießen, sonst kann es zur sogenannten Herzfäule kommen! Überwintert werden diese Dickblattgewächse hell und nicht zu warm.

Foto: In Gewächshäusern oder Wintergärten frei ausgepflanzte Kakteen können sich ungleich prachtvoller entfalten als in Töpfen.

224 Stimmt es, daß die Pflege eines Schwiegermuttersessels besonders schwierig ist?
Manche Vertreter des *Echinocactus* sind tatsächlich etwas schwieriger zu kultivieren. Auf den bekannten und beliebten Schwiegermuttersessel *(Echinocactus grusonii)* trifft das jedoch nicht zu. Die Pflanze, die etwa ab dem fünften Lebensjahr zur schönen gelbdornigen Kugel heranwächst, verlangt viel Sonne, Luft und Wärme, ausreichende Wässerung und Nahrung sowie ein humoses, sandiglehmiges Substrat. Im Winter bevorzugt der Kaktus einen trockenen Standort nicht unter 10 Grad Celsius.

225 Sollte man es wagen, sich ein Greisenhaupt zuzulegen? Oder ist die Pflege dieser herrlichen Kaktee für einen Anfänger eher zu schwierig?
Das Greisenhaupt *(Cephalocereus senilis)* ist wegen seiner weißen Haartracht bei Sammlern sehr beliebt. In seiner Heimat Mexiko werden diese Säulenkakteen bis zu 15 Meter hoch. Bei uns werden jedoch nur Jungpflanzen angeboten, die nicht ganz einfach zu kultivieren sind. Die Gewächse wollen sehr hell und warm stehen und brauchen eine hohe Luftfeuchtigkeit. Unter Glas lassen sich diese Bedingungen jedoch erfüllen. Im Winter muß die Pflanze bei über 15 Grad Celsius stehen.

TIP

Kakteen lassen sich durch Samen oder Stecklinge vermehren. Letzteres geht am schnellsten. Je nach Größe des Stecklings erhält man oft nach einigen Monaten blühfähige Exemplare.

226 Ein Zwergsäulenkaktus soll vermehrt werden. Aber wie macht man das?

Die Vermehrung des Zwergsäulenkaktus *(Chamaecereus silvestrii)* macht überhaupt keine Probleme. Da die Triebe dieser Kaktee ohnehin sehr leicht abbrechen, nimmt man einfach einen dieser Pflanzenteile ab und schneidet ihn am unteren Ende mit einem scharfen und sauberen Messer schräg; die Länge sollte etwa 3 cm betragen. Danach taucht man die Schnittstelle zur Desinfizierung in Holzkohlepulver. Anschließend wird der Trieb zum Abtrocknen hell und senkrecht etwa 10 Tage lang aufgestellt. Nun kann der Trieb in feuchtes Torf-Sand-Substrat (Verhältnis 1:1) oder in Sand-Perlite-Substrat (Verhältnis 1:2) gesetzt werden, allerdings nicht tiefer als knapp 5 Zentimeter. Optimal ist eine Bodenwärme von 18 bis 23 Grad Celsius. Nachdem sich einige Zeit später genügend Wurzeln gebildet haben, kann der junge Kaktus verpflanzt werden. Am besten eignet sich für diese Vermehrung das Frühjahr.

227 Stimmt es, daß man eine Perlenschnur dadurch vermehren kann, daß man sie teilt? Wie wird die Jungpflanze danach behandelt?

Die Vermehrung der Perlenschnur *(Senecio rowleyanus)* ist sowohl durch Samen, Stecklinge als auch durch einfaches Teilen möglich. Im letzten Fall nimmt man ein Teilstück von der Pflanze ab und setzt es in einen Topf mit Sand-Torf-Gemisch. Nicht gleich nach dem Eintopfen gießen und erst nach etlichen Wochen düngen.

228 Lassen sich Blattkakteen ohne Schwierigkeiten durch Stecklinge vermehren? Wann ist die beste Zeit dafür?

Am besten eignet sich das Frühjahr oder der Frühsommer für diese Vermehrungsart. Von einer gesunden Blattkaktee *(Epiphyllum-Hybride)* löst man vorsichtig ein Blatt ab. Steckling ein bis zwei Tage abtrocknen lassen und danach schräg in ein Torf-Sand oder Sand-Perlite-Gemisch stecken. Anzuchtgefäß feucht und warm halten. Schon nach relativ kurzer Zeit bewurzeln solche Stecklinge.

229 Eine Brandaloe soll vermehrt werden. Wie macht man das?

Die Brandaloe *(Aloe arborescens)* zählt zu den Sukkulenten, die sich ganz einfach durch Blattstecklinge vermehren lassen. Und zwar schneidet man vorsichtig eines der langen Blätter ab und zerteilt es in etwa 10 cm lange Stücke. Alle diese Stücke lassen sich nun als Blattstecklinge kultivieren, nachdem sie etwa zwei Tage lang an der Luft abgetrocknet sind. Man steckt die Teile mit der Blattoberseite nach oben schräg in ein Torf-Sand-Gemisch. Bodenwärme

(18 bis 23 Grad Celsius) sorgt für raschere Bewurzelung. Nach dem Anwurzeln können die Pflanzen in Einzeltöpfe gesetzt werden.

230 **Die Kakteensämlinge wachsen heran. Wann ist der geeignete Zeitpunkt für das Pikieren?**
Das richtet sich nach der Wüchsigkeit der Kakteen. Normalerweise wird vereinzelt, wenn die zwei Keimblätter vom eigentlichen Kaktus verdrängt werden und sich die erste Dornenbildung zeigt. Das kann nach einigen Wochen, manchmal auch erst nach Monaten der Fall sein. Sämlinge nie mit einer Metallpinzette anfassen. Man benutzt dafür besser ein Holzstöckchen. Danach kommen sie in Einzeltöpfe mit feingesiebter Kakteenerde. Bewässert und gedüngt wird von unten. Töpfe nicht der prallen Sonne aussetzen.

231 **Normalerweise werden Opuntien durch Stecklinge vermehrt. Lassen sich aber auch aus Samen neue Pflanzen gewinnen?**
Die normale Vermehrung der Feigenkaktee *(Opuntia)* erfolgt über Stecklinge. Aber auch aus den Samen lassen sich Pflänzchen ziehen. Allerdings ist das Opuntien-Saatgut relativ hartschalig. Deshalb rauht man die Samen mit Sandpapier oder einer Nagelfeile etwas an, dann keimen sie leichter. Manche Fachleute empfehlen auch ein Quellen der Samen über Nacht in Wasser.

232 **Es wurde festgestellt, daß sich an der Hauswurz bereits bewurzelte kleine Rosetten gebildet haben. Lassen sie sich abtrennen, um die Pflanze so zu vermehren?**
Ohne Schwierigkeiten. Sie brauchen diese sogenannten Tochterrosetten der Hauswurz *(Sempervivum tectorum)* nur vorsichtig von der Mutterpflanze abzutrennen und können sie dann in ein Torf-Sand-Gemisch einpflanzen.

233 **An einer Rebutie haben sich mittlerweile eine Menge Früchte entwickelt. Kann man sie ernten und aus den Samen neue Pflanzen ziehen?**
In vielen Fällen braucht der Hobbygärtner gar nichts zu unternehmen, wenn er Rebutien *(Rebutia)* vermehren möchte. Die reifen Früchte platzen nämlich von selbst, und die Samen gehen ohne menschliche Hilfe auf. Die jungen Rebutien kann man dann in Einzeltöpfe verpflanzen.

TIP

Erfahrene Kakteenliebhaber vermehren ihre Pflanzen durch Pfropfen. Hierbei wählt man eine robuste Kakteenart als Unterlage und pfropft darauf eine besonders attraktive, aber oft langsamwachsende Art.

234 Auf der Erde eines Anzuchtkastens sind an etlichen Stellen weißliche Gespinste zu erkennen. Manche Sämlinge werden glasig und fallen um. Um welche Erscheinung handelt es sich dabei? Was kann man dagegen unternehmen?

Im Anzuchtkasten haben sich Vermehrungspilze breitgemacht, deren Aufkommen unter anderem durch zu hohe Feuchtigkeit begünstigt wird. Für bessere Lüftung sorgen. Befallene Sämlinge entfernen, stark betroffene Substratstellen herauskratzen. Mit speziellen Fungiziden behandeln.

235 Ein schöner Feigenkaktus weist plötzlich häßliche gelbe und braunrote Flecken auf. Woher kommen sie? Was sorgt für Abhilfe?

Wahrscheinlich leidet der Feigenkaktus *(Opuntia humifusa)* unter Sonnenbrand. Das kommt besonders häufig im Frühjahr vor, wenn man die Pflanzen zu unvermittelt aus dem Winterquartier in die heiße Sonne stellt. Leider werden diese Flecken nie mehr verschwinden. Aber sie sind »nur« Schönheitsfehler. Nur wenn die ganze Pflanze sehr stark betroffen ist, kann es zum Absterben führen. In jedem Fall Pflanzen vorsichtig an die Sonne gewöhnen. Besonders im Frühjahr vor zu praller Mittagssonne abschirmen.

Foto: Opuntia fragilis, hier frei ausgepflanzt in einem sonnenexponierten Steingarten, gehört zu den winterharten Arten der Gattung.

236 An den Knospen mehrerer Blattkakteen wimmelt es von Blattläusen. Wie lassen sich die Schädlinge wirksam, aber möglichst umweltschonend beseitigen?

Blattläuse siedeln sich gerne an Jungtrieben und Knospen von Blattkakteen an, wo sie durch ihre Saugtätigkeit für Schäden sorgen. Bei geringerem Befall hilft bereits mehrfaches Abbrausen der Pflanze mit Wasser. Ist der Befall jedoch stark, so müssen Pyrethrum- oder spezielle Blattlaus-Sprays eingesetzt werden.

237 Beim Umtopfen eines Korallenkaktus wurde eine beginnende Fäulnis der Wurzeln festgestellt. Das Substrat roch muffig. Was soll man tun?

Der Korallenkaktus *(Hatiora)* liebt ein humoses, saures und nährstoffreiches Substrat. Ist der Boden zu schwer, kommt es leicht zu der beobachteten Wurzelfäule. Man sollte die befallenen Wurzeln vorsichtig entfernen. Unbedingt das Substrat auswechseln und die Pflanze neu eintopfen. Weniger gießen.

238 Eine ganze Anzahl von jüngeren Warzenkakteen zeigt am Stammgrund dunkle, glasige Stellen. Etliche Pflanzen sind umgesunken. Worum handelt es sich bei dieser Erkrankung?

Diese Symptome lassen auf Befall mit der *Helminthosporium*-Naßfäule schließen, einer Pilzkrankheit, die besonders Jungpflanzen befällt. Ursache ist meist ungebeiztes Saatgut und/oder nicht keimfreies Anzuchtsubstrat. Zu warmer Stand und zu hohe Luftfeuchtigkeit begünstigen die Krankheit zusätzlich. In den meisten Fällen gibt es keine Rettung. Am besten vernichtet man die befallenen Pflanzen samt dem verseuchten Substrat. Nicht auf den Kompost geben! Vorbeugend sollte man die Samen von Warzenkakteen *(Mammillaria)* vor der Aussaat beizen und hohe Luftfeuchtigkeit und hohe Temperaturen vermeiden.

TIP

Optimale Hygiene ist die wichtigste Vorbeugungsmaßnahme. Verdorrtes und Verfaultes muß stets weggeschnitten werden. Schnittstellen mit Holzkohlepuder desinfizieren!

239 Die Außenhaut einer Fliegenblume verfärbt sich zusehends schwarz. Um welche Erkrankung handelt es sich? Was kann man dagegen tun?

Die sich sehr rasch ausbreitende Schwarzfärbung der Fliegenblume *(Caralluma)* ist eine Viruskrankheit, die »Schwarzes Virus« oder auch »Black Death« genannt wird. Leider gibt es dagegen kein Heilmittel. Die Sukkulente muß samt verseuchtem Erdreich vernichtet werden. Aber nicht auf den Kompost geben!

240 An einem Cereus peruvianus befinden sich zahlreiche braune Erhebungen. Worum handelt es sich dabei? Kann man erfolgreich dagegen angehen?

Unter den braunen Erhebungen auf dem *Cereus peruvianus* befinden sich Schildläuse. Sie saugen am Pflanzenkörper und schädigen ihn so. Bei geringem Befall kann man die Schilde abzukratzen versuchen. Hilfreich ist oft auch Bepinseln mit Spiritus-Seifenlösung. Bei starkem Befall hilft Besprühen mit Pyrethrum-Spray oder anderen speziellen Insektiziden. Pflanze etwas kühler halten.

241 An den Triebenden einer Senecio sitzen Scharen von Blattläusen. Wie geht man gegen sie vor, ohne die Pflanze zu schädigen?

Blattläuse saugen besonders gerne an *Senecio*, aber auch an zarten Jungtrieben von Blattkakteen. Manchmal kann man die Schädlinge beseitigen, indem man die befallene Pflanze unter fließendem Wasser abwäscht. Unter Glas lohnt der Einsatz von Nützlingen wie Räuberischen Gallmücken oder Florfliegen. Ansonsten kann man spezielle Insektizide zur Bekämpfung einsetzen.

242 **An mehreren Säulenkakteen wurden weißliche, wollige Gebilde entdeckt. Die Pflanzen machen keinen sehr guten Eindruck mehr. Welcher Schädling ist da wohl am Werk?**

Die Symptome lassen auf Befall durch Woll- oder Schmierläuse schließen. Durch ihre saugende Tätigkeit schädigen diese Tiere den Säulenkaktus *(Cereus)*, vor allem, wenn es sich um jüngere Pflanzen handelt. Stand in zu trockener Luft fördert das Aufkommen der Schädlinge. Wiederholtes Abwaschen der Pflanzen mit Spiritus-Seifenlösung sorgt häufig schon für Abhilfe. Bei starkem Befall mit Pyrethrum-Spray oder speziellen Insektiziden sprühen.

243 **Am Zwergsäulenkaktus sieht man merkwürdige Gespinste. An der Kaktee zeigen sich gelbbraune Flecken. Welcher Schädling verursacht das? Gibt es Abhilfe dagegen?**

Der Zwergsäulenkaktus *(Echinocereus)* leidet unter der Spinnmilbe, auch als »Rote Spinne« bekannt. Die Milben schädigen die Pflanze durch ihre Saugtätigkeit. Bei geringem Befall hilft vorsichtiges Abwaschen mit lauwarmem Wasser. Möglich ist auch der Einsatz von Raubmilben, die die Schädlinge vernichten. Ist der Befall sehr stark, muß zur Bekämpfung ein Akarizid eingesetzt werden.

244 **Beim Austopfen von Conophytum wurden schimmelartige Gespinste entdeckt. Die Pflanze wirkte welk und mickrig. Um was handelt es sich? Läßt sich etwas dagegen unternehmen?**

Das *Conophytum* wurde von den äußerst schädlichen Wolläusen befallen. Die Tiere saugen an den Wurzeln und können meist nur dann bekämpft werden, wenn sie bereits schwere Schäden angerichtet haben. Abhilfe: Wurzeln sorgfältig mit Wasser auswaschen und mehrfach in Insektizidlösung tauchen. Hygienisch einwandfreie Töpfe zum neuen Eintopfen der Pflanze in frisches Substrat verwenden.

245 **Da eine Kalanchoe stark kümmerte, wurde sie aus dem Topf genommen. Dabei wurde festgestellt, daß sich an den Wurzeln seltsame Knötchen gebildet haben. Was ist das? Wie hilft man der Pflanze?**

Die knotenartigen Verdickungen an den Wurzeln der Kalanchoe *(Kalanchoe)* bedeuten, daß die Sukkulente von Wurzelälchen (Nematoden) befallen worden ist. Leider gibt es hier keine Rettung mehr. Die Pflanze muß samt Substrat vernichtet werden. Nicht auf den Kompost werfen!

TIP

Kalanchoen sind Kurztagspflanzen. Blüten werden nur gebildet, wenn man die Pflanzen etwa zwei Monate lang täglich 16 Stunden in völliger Dunkelheit hält. Karton über die Pflanze stülpen!

Fragen und Antworten zu Hydrokultur

Foto: Palmen sind optimale Kandidaten für die Hydrokultur.

Bei der Hydrokultur dienen Blähtonkugeln statt Erde den Wurzeln als Halt und Feuchtigkeitsspender. Die wasserlöslichen Nährstoffe werden den Pflanzen übers Gießen zugeführt, die Gießintervalle per Wasserstandsanzeiger geregelt. Der Wasservorrat reicht oft wochen-, das Düngerdepot monatelang. Dennoch gibt es gerade bei diesem einfachen System in der Praxis noch viele offene Fragen. Im folgenden die wichtigsten Informationen.

253 Eine Kentiapalme wird nach Vorschrift gepflegt. Dennoch bekommt die im Schwimmbad gehaltene Pflanze gelbe Blätter. Woran liegt das, was kann man dagegen tun?

Die hohen Lufttemperaturen im Schwimmbad behagen der Kentia *(Howeia forsteriana)* zwar sehr, nicht aber die Chlorausdünstungen. Manchmal kann jedoch auch ein Zuviel an Luftfeuchte die Wasser- und Nährstoffaufnahme aus dem Substrat erschweren. Die Pflanze braucht vor allem eine regelmäßige, ausreichende Frischluftzufuhr.

254 Lassen sich Geranien in Hydrokultur pflegen? Und wenn ja, wie funktioniert das?

Der Grund, weshalb bisher noch keine Geranien *(Pelargonium-Zonale-Hybriden)* im Hydropflanzen-Angebot vertreten sind, liegt wohl in der mangelnden Nachfrage. Das gilt auch für viele andere Beet- und Balkonpflanzen. Aber es besteht die Möglichkeit, Geranien in einer abgewandelten Form der Hydrokultur zu halten. Im Handel gibt es spezielle Kunststoffkästen, die mit einem Überlauf und einem Wasserspeicher ausgestattet sind. In diese Kästen kann man die Geranien samt Erdballen in ein Spezialsubstrat (gebrochenen Blähton) pflanzen. Die Wurzeln wachsen dann in die Blähtonschicht unterhalb des Erdballens, wo ständig Wasser vorhanden ist.

Foto: Für die Hydrokultur gibt es heute besonders attraktive Gefäße wie diese glasierten Kugeln.

255 Ein bereits mannshoher Gummibaum soll auf Hydrokultur umgestellt werden. Geht das überhaupt noch? Was muß man dabei alles beachten?

Einen Gummibaum *(Ficus elastica)* dieser Größe noch auf Hydrokultur umstellen zu wollen, ist ein ziemlich gewagtes Unterfangen. Die Schwierigkeit liegt darin, der Pflanze für etwa zwei bis drei Wochen eine konstant hohe Luftfeuchtigkeit, eine gleichbleibende Temperatur sowie ausreichende Lichtmengen verschaffen zu können; das alles braucht eine ausgewachsene Pflanze, um in einer neuen Substratart Fuß zu fassen. Die Überlebenschancen des Gummibaumes sind daher sehr gering.

256 Wie pflegt man das hübsche Usambaraveilchen im Hydrotopf, damit es immer wieder blüht?

Bei richtiger Behandlung sind Usambaraveilchen *(Saintpaulia)* dekorative Hydropflanzen. Sie mögen einen hellen, aber niemals sonnigen Standplatz. Usambaraveilchen sind sehr empfindlich gegen hohen Wasserstand. Der rote Pegel des Wasserstandsanzeigers sollte die Optimum-Marke in keinem Fall überschreiten.

6 8
min
2 4
opt

257 Mehrere Versuche, eine Nachtfalterblume in Hydrokultur zu pflegen, sind gescheitert. Woran liegt das wohl? Eignen sich diese Orchideen nicht für Hydrokultur?
Orchideen wie die Nachtfalterblume *(Phalaenopsis)* sind durchaus für Hydrokultur geeignet. Meist meint es der Hobbygärtner jedoch mit dem Gießen allzu gut und bringt so die Pflanze zum Sterben. Auch in der freien Natur wachsen Orchideen entweder auf anderen Pflanzen oder in einem wasserdurchlässigen, luftighumosen Substrat. Staunässe vertragen sie absolut nicht. Ideal ist für eine solche Pflanze ein Standort am Ost- oder Südostfenster. Das Substrat nicht austrocknen lassen, niemals ins Herz der Pflanze gießen, aber auch nie für Staunässe sorgen. Gedüngt wird mit einem Langzeitdünger.

258 Kann man Pflanzen mit stark verfilztem Ballen oder sehr feinem, verzweigtem Wurzelwerk von Erd- auf Hydrokultur umstellen?
Generell nein. Es gibt aber auch Ausnahmen. Der Roseneibisch *(Hibiscus rosa-sinensis)* gewöhnt sich trotz feinen Wurzelwerks meist leicht an das neue Substrat. Vorausgesetzt, man hat ihm vor dem Umsetzen durch Rückschnitt um 2/3 der verholzten Triebe die Assimilationsflächen verkleinert. Außerdem sollte ein Verdunstungsschutz (Klarsichtbeutel) angebracht werden. Pflanze hell und warm stellen.

259 Wie kann man Pflanzen die Umstellung von Erd- auf Hydrokultur erleichtern?
Das Wichtigste ist, für einen Verdunstungsschutz und »warme Füße« zu sorgen. Das fördert die Bildung neuer Wurzeln, vor allem neuer »Wasserwurzeln«. Am besten stülpt man der Pflanze einen Klarsicht-Plastikbeutel über. Einige Luftlöcher einstechen, zum Spannen der Folie einfach vier Holzstäbe am Topfrand einstecken. Das Hydrogefäß hell, aber nicht sonnig, und auf eine Wärmematte stellen. Wenn sich die Blätter wieder straff auffüllen und die Pflanze neu austreibt, ist die Umstellung gelungen.

260 Welche Zimmerpflanzen lassen sich relativ problemlos von Erd- auf Hydrokultur umstellen?
Erfahrungsgemäß sind dies zum Beispiel *Aglaonema*, *Cyperus*, *Dieffenbachia*, zahlreiche *Dracaena*-Arten, *Epipremnum*, *Ficus*-Arten, *Hibiscus*, *Hoya*, *Monstera*, *Philodendron*-Arten, *Sansevieria*, *Schefflera* und *Yucca*. Die Umstellung sollte im Frühjahr, also zu Beginn der Vegetationsperiode erfolgen. Pflanzen, die dann gerade blühen, werden nach der Blüte umgesetzt. Je kleiner und jünger die Pflanze in Erdkultur ist, desto leichter gewöhnt sie sich an das neue Substrat.

TIP
Achtung: Immer erst gießen, wenn die Minimum-Marke am Wasserstandsanzeiger erreicht worden ist. Das Gießwasser sollte zimmerwarm sein.

Wichtig ist, daß an den Wurzeln kein Krümelchen Erde mehr haftet – Fäulnisgefahr!

261 Aus Versehen wurde ein bepflanztes Hydrogefäß mit einer zu starken Dosis Flüssigdünger versorgt. Läßt sich der Schaden beheben? Wie macht man den Fehler rückgängig?

Nur keine Bange, der Schaden läßt sich beheben. Am einfachsten ist es, wenn man das Gefäß randvoll mit Wasser füllt und es direkt im Anschluß wieder entleert. Allerdings hat diese Maßnahme nur dann Sinn, wenn sie gleich nach der Überdüngung erfolgt. Steht die Pflanze zu lange in der überdosierten Lösung, kommt es schnell zu Verbrennungsschäden am Wurzel- und Blattwerk

262 Kann es mit Hydropflanzen im Winter Temperaturprobleme bei einem Standort in einem hellen Treppenhaus geben?

Solange eine Mindestraumtemperatur von 14 Grad Celsius nicht unterschritten wird und die Nährlösung eine Temperatur von 18 bis 20 Grad Celsius besitzt, wird es keine Probleme geben. Nötigenfalls eine Styroporplatte oder eine Wärmematte unterlegen.

263 Gibt es eine Faustregel für den bestmöglichen Zeitpunkt zum Umtopfen?

Der geeignetste Zeitpunkt zum Umtopfen von zu groß gewordenen Hydropflanzen ist das Frühjahr. Dann nimmt die natürliche Tageslänge zu und löst ein verstärktes Pflanzenwachstum aus. Wird im Frühjahr umgetopft, so können die Pflanzen den damit verbundenen Schock am ehesten überwinden.

264 Kann man direkt in Blähton aussäen, wenn man Pflanzen für die Hydrokultur ziehen will?

Das geht durchaus. Es hängt allerdings von der Größe der Blähtonkörner ab. Für die Aussaat verwendet man am besten die Körnung 2–4 mm. Um ein besseres Keimbett zu erhalten, kann man die Blähtonoberfläche mit einer 0,5–1 cm dicken Sandschicht bedecken. Nach der Aussaat den Blähton nur noch feucht halten. Im Handel sind Anzucht-Sets erhältlich, die spezielle Gitter-Kulturtöpfe, Übertöpfe und fein gekörntes Granulat enthalten.

TIP

Am besten für Hydrokultur geeignet sind Blattpflanzen. Aber auch viele Blütenpflanzen gedeihen gut mit dieser Methode.

Fragen und Antworten zum Ziergarten

Foto: Rittersporn, Löwenmäulchen, Glockenblumen – in diesem Bauerngarten zeigen Sommerblumen ihre ganze Pracht und Fülle.

Jede Saison ist im Ziergarten ein Erlebnis besonderer Art. Im Frühjahr erfreut uns die Farbigkeit der Zwiebelblumen und frühblühenden Stauden und die Duftigkeit der Baum- und Strauchblüte. Im Sommer verbreiten Rosen und Sommerblumen unbeschwerte Heiterkeit, der Herbst zeigt farbige Blätter und Fruchtschmuck. Natürlich stellt uns die immerwährende Blütenpracht auch hier und da vor Probleme. Aber diese sind relativ leicht zu lösen.

WEG-WEISER

Fragen zum Pflanzen und Pflegen

Fragen zur Vermehrung

Fragen zum Pflanzenschutz

Fragen zur Gestaltung

265 Der Rasen hat im Vorjahr gelitten. Nun soll er ausgebessert werden. Was ist zu tun?

Grundsätzlich sollten Ausbesserungsarbeiten des Rasens bereits im März stattfinden. Etwa vorhandene Mulden füllt man mit Erdreich auf und glättet den Boden. Gut ist außerdem eine gründliche Durchlüftung der Rasenfläche. Dazu wird sie mehrmals und über Kreuz mit einem speziellen Vertikutierrechen kräftig geharkt. Für besonders große Flächen lohnt der Einsatz eines besonderen Vertikutiergerätes. Nach dem Glätten und Vertikutieren kann man an den kahlen Stellen an einem sonnigen Tag Rasensamen nachsäen.

266 Kann man das Herbstlaub auf dem Rasen liegenlassen? Oder sollte man es vor Wintereinbruch zusammenkehren?

Wenn man das Laub liegenläßt, fault es und auch der darunterliegende Rasen würde in Mitleidenschaft gezogen. Im Oktober sollte man den Rasen letztmalig mähen und abharken. Dabei kann man auch eventuell vorhandene Unkräuter beseitigen.

Foto: Laub, das im Herbst von den Bäumen fällt, wird zusammengekehrt auf den Kompost gegeben oder zum Mulchen verwendet.

267 Im Rasen haben sich an einer Stelle größere Moosflächen gebildet. Was kann man zur Bekämpfung unternehmen?

Moos bildet sich immer dann, wenn der Rasen entweder unter Nährstoffmangel leidet oder aber über längere Zeit zu naß ist. Am besten harkt man mit der Vertikutierharke die moosigen Stellen gründlich durch, um den Boden zu durchlüften und damit das Abtrocknen zu beschleunigen. In die Rillen läßt man zusätzlich feinen Sand rieseln, wodurch die Moosbildung bald zurückgeht.

268 Wann sollte der Rasen bei anhaltender Trockenheit am besten gewässert werden, am Morgen oder besser am Abend?

Am besten geschieht das am Abend, damit das Wasser auch bis in den Wurzelbereich vordringen kann. Bei morgendlicher Bewässerung würde das Naß an der Oberfläche verdunsten, bevor es an die Wurzeln gelangt.

269 Das neuerworbene Grundstück braucht eine Hecke, die möglichst immergrün sein soll. Welche Gehölze sind empfehlenswert? Wann sollte man die Hecke pflanzen?

Besonders robust sind die immergrüne Berberitze *(Berberis buxifolia)*, Liguster *(Ligustrum vulgare, L. ovalifolia)* oder Buchsbaum *(Buxus sempervirens)*. Immergrüne Hecken pflanzt man am besten gegen Ende April. Der Pflanzboden sollte zwei Spatenstiche tief umgegraben werden und ordentlich mit Humus angereichert sein, ehe die Pflanzen hineinkommen.

270 Im Ziergarten soll eine neue Rasenfläche angelegt werden. Wann geschieht das am besten? Wie geht man vor?

Der September ist für die Neuanlage eines Rasens der geeignetste Monat, weil dann besonders günstige Witterungsverhältnisse herrschen. Zunächst wird die Fläche umgegraben und von Steinen, Unkräutern und Wurzelresten befreit. Danach harkt man die Bodenoberfläche, bis sie feinerdig ist. Bei nährstoffarmen Böden kann man vor der Aussaat einen Grunddünger (im Fachhandel erhältlich) einarbeiten. Etwa eine Woche später wird gesät. Einen dichten Rasen bekommt man, wenn man etwa pro Quadratmeter 30 g Samen aussät – einmal die eine Hälfte in Querrichtung, danach die andere Hälfte in Längsrichtung. Anschließend wird der Samen leicht eingeharkt. Leichte und trockene Böden werden gewalzt oder angetreten. Fläche feucht halten. Bis zum kommenden Jahr hat sich ein dichter Rasen gebildet.

TIP

Schnittgut nie auf dem Rasen liegenlassen. Darunter fault das Gras und es bilden sich häßliche Flecken auf der Rasenfläche.

271 Zu welchen Zeiten sollte man seine Hecke, zum Beispiel eine Ligusterhecke, schneiden? Was gibt es dabei zu beachten?

Der Monat Juli ist die geeignetste Zeit für den gründlichen Sommerschnitt der Hecken. Egal, ob man mit der Hand- oder der Elektroschere schneidet – stets sollte man die Seitenwände der Hecke leicht schräg schneiden, um eine Trapezform zu erhalten. Bei Liguster kann man zwar auch gerade Seiten schneiden, jedoch besteht die Gefahr, daß die Hecke dann rasch von unten verkahlt. Wie man die Hecke oben schneidet – rund oder gerade –, ist reine Geschmackssache. Damit alles gerade wird, kann man sich eine Schnur zum Ausrichten spannen.

272 Die einen sagen, Laub unter Hecken solle man als natürliche Düngung ruhig liegenlassen, andere behaupten das Gegenteil. Was ist nun richtig?

Im Herbst sollte das Laub nicht zwischen den Heckenpflanzen liegenbleiben, da sonst Fäulnisgefahr besteht. Die Blätter werden zusammengekehrt und auf den Kompost geworfen, wo sie verrotten. Immergrüne Hecken muß man vor dem Einbruch der Kälteperiode noch einmal gründlich wässern.

273 Die alte Hecke soll verjüngt, also kräftig zurückgeschnitten werden. Wann macht man das am besten?

Wenn eine Hecke zu groß und unförmig geworden ist, muß sie verjüngt, das heißt zurückgeschnitten werden. Dabei schneidet man die Hecke um etwa 30 cm weiter zurück, als sie später hoch sein soll. An den Schnittstellen sollen sich nämlich neue Triebe entwickeln, die man später braucht, um die Hecke wieder in Form zu schneiden. Für die Verjüngungsarbeiten eignen sich frostfreie Tage im Dezember oder Januar.

274 Wann müssen die einjährigen Blumen im Freien gesät werden, damit sie im Sommer blühen? Welche Sommerblumen sind besonders zu empfehlen?

Im Lauf des Monats April können einjährige Sommerblumen direkt ins Freiland gesät werden, damit sie im Verlauf des Sommers üppig blühen. Die Auswahl ist natürlich Geschmackssache. Für Einfassungen eignen sich zum Beispiel die einjährigen Schleifenblumen *(Iberis)* oder das Steinkraut *(Lobularia maritima)*, die beide etwa 30 cm hoch werden. Die einjährigen Sonnenblumen *(Helianthus annuus)* sät man am besten an Zäunen aus. Im April wird auch die Ringelblume *(Calendula)* ausgesät, die in keinem Ziergarten fehlen sollte. Hübsch sind auch die blütenreichen Spaltblumen *(Schizanthus)*, die ab Mitte April ausgesät werden müssen. Besonders attraktiv sind deren Hybriden, die bis 40 cm hoch werden können.

275 Was gibt es bei der Kultur von Petunien zu beachten? Wann werden sie gesät?

Die Petunie *(Petunia)*, die wohl zu den prächtigsten und beliebtesten Beet- und Balkonpflanzen zählt, wird ab März/April in Vorkultur angezogen. Petunien blühen nach dem Auspflanzen von Mai bis etwa Oktober. Darauf achten, daß die Pflanzen zwar sonnig, aber doch etwas geschützt stehen, da Petunien starke Regengüsse nicht gut vertragen.

276 Wann sollen die Dahlienknollen in den Boden kommen? Was gibt es dabei zu beachten?

Bei ausreichend warmer Witterung kann man bereits gegen Ende April die Knollen der Dahlie *(Dahlia-Hybriden)* ins Freiland pflanzen. Aber nur gesunde Knollen pflanzen. Eingesunkene oder gar angefaulte Knollen wegwerfen. Die Knollen kommen so in den Boden, daß ihre Oberseite wenigstens 10 cm mit Erde bedeckt ist. Pflanz- und Reihenabstände von jeweils 60 bis 90 cm einhalten. Nach dem Austreiben Triebe bei Frostgefahr anhäufeln oder mit Sackleinen schützen. In kalten Regionen sollte man Dahlien erst ab Mitte Mai pflanzen. Bei hohen Dahliensorten setzt man erst die Stützpfähle, dann pflanzt man die Knollen daneben.

TIP

Seerosen stellt man am besten in Gefäßen in den Gartenteich. So lassen sich die Pflanzen vor Wintereinbruch leicht herausnehmen.

277 Wann müssen Edelrosen geschnitten werden? Was ist dabei zu beachten?
Edelrosen *(Rosa)* verlangen einen Frühjahrsschnitt im März/April, wenn die strengen Fröste vorüber sind. Dabei sucht man unter den kräftigsten Trieben drei oder vier Haupttriebe aus, die auf vier bis sechs Augen zurückgeschnitten werden. Außerdem werden auch alte, vertrocknete oder nach innen wachsende Triebe entfernt. Beim Sommerschnitt im Juni entfernt man ebenfalls verdorrtes Material. Außerdem werden dabei alle Wildtriebe dort abgerissen (nicht geschnitten!), wo sie aus dem Boden herauswachsen.

278 Welche Ansprüche stellt der Enzian an den Boden? Wann wird er gepflanzt?
Pflanzzeit ist der April. Aber es gilt zu beachten, daß es kalkliebende Enzianarten wie den Stengellosen Enzian *(Gentiana acaulis)* und kalkfliehende Arten *(Gentiana sinoornata)* gibt. Die letztgenannte Art verträgt keinen kalkhaltigen Boden. Enzian eignet sich besonders gut für Steingärten.

279 Wann kommen die Lilienknollen in den Boden?
Es gibt eine Vielzahl von Lilienarten und -sorten. Pflanzzeit ist in der Regel der Monat März. Zu beachten gilt, daß es Lilien gibt, die am Stengel wurzeln, und solche, die an der Basis wurzeln. Stengelwurzler müssen tief eingepflanzt werden. Die Türkenbundlilie *(Lilium martagon)* ist zum Beispiel ein Basiswurzler, während die Tigerlilie *(Lilium tigrinum)* zu den Stengelwurzlern zählt. Beide Pflanzen werden etwa 25 cm hoch.

280 Wann ist der richtige Zeitpunkt, um die Tulpenzwiebeln in den Garten zu setzen?
Zwischen September und November kommen normalerweise die Zwiebeln der Tulpe *(Tulipa)* ins Freiland. Man legt sie mit etwa 15 cm Abstand 10 bis 15 cm tief in den Boden. Bei frostfreiem Wetter kann man auch im Februar noch Tulpenzwiebeln pflanzen. Dabei darauf achten, daß der Zwiebelboden nicht verletzt wird, Zwiebeln nicht fest in die Erde drücken.

281 Welche zweijährigen Pflanzen, die sich auch als Schnittblumen eignen, kann man im Juli direkt an Ort und Stelle aussäen?
Es gibt natürlich eine ganze Menge Pflanzen, die diese Anforderungen erfüllen. Eine hübsche Blume, die in vielen Ziergärten zu finden ist, ist etwa der Goldlack *(Cheiranthus cheiri)*, der im April/Mai blüht. Die Bartnelke *(Dianthus barbatus)* blüht im Mai/Juni, während der Fingerhut *(Digitalis)* im Juni/Juli Blüten trägt. Alle Pflanzen vertragen Sonne.

Foto: 'Valencia' ist eine der zahlreichen Edelrosen oder Teehybriden, die durch elegante Blüten und Knospen auffällt.

282 Welche Standortansprüche stellt das Pampasgras? Wann wird es gepflanzt?

Das Pampasgras *(Cortaderia selloana)* wird im Mai gepflanzt. Dabei sollte man beachten, daß diese Pflanze sehr empfindlich auf Staunässe reagiert. Deshalb muß man auf gute Wasserabzugsmöglichkeit des Bodens achten. Während der Vegetationszeit verlangt Pampasgras viel Wasser und einen nährstoffreichen Boden. Aufgrund seines horstigen Wuchses kann man das Pampasgras in Einzelstellung verwenden. Achtung: Die Pflanze braucht Winterschutz! Hierzu werden die immergrünen Blätter zusammengebunden und mit Laub angehäufelt.

283 Wie pflegt man die Schwertlilien, nachdem die Blüten verwelkt sind?

Die abgeblühten Stengel der Schwertlilie *(Iris)* werden im Juni zurückgeschnitten. Um die Pflanzen auch im kommenden Jahr zu gutem Wachstum zu bringen, setzt man dem Boden organisch-mineralischen Volldünger zu, und zwar bis zu 120 g pro Quadratmeter.

TIP

Staudenringe verhindern das Umfallen schwerer und hoher Blütenpflanzen, zum Beispiel von Pfingstrosen, Margeriten, Iris.

284 Wie bringt man Rosen dazu, in einem Jahr zweimal zu blühen? Gibt es da besondere Tricks?

Hobbygärtner, die die Blüten der Rose *(Rosa)* an der Pflanze verblühen lassen, müssen Verwelktes sofort entfernen, denn sonst verzögert sich der Neuaustrieb.

285 Was kann man unternehmen, damit die Gladiolen nicht gleich umfallen?

Die heranwachsenden Gladiolen *(Gladiolus)* neigen dazu umzufallen. Man kann die Pflanzen einzeln mit Bast an Stäbe binden oder sie mit Drahtringen (Fachhandel) befestigen. Für Schnittgladiolen, die auf Beeten wachsen, gibt es spezielle Drahtnetze, zwischen denen die Blumen aufrecht stehenbleiben.

286 Wann sollte man die Madonnenlilie verpflanzen? Überwintert die Pflanze im Freien?

Die Madonnenlilie *(Lilium candidum)* sollte unbedingt verpflanzt werden, bevor der neue Trieb erscheint. Das ist etwa Ende August/Anfang September der Fall. Dann muß man die Zwiebel aus dem Boden nehmen und an anderer Stelle wieder einpflanzen. Nach dem Absterben der oberirdischen Teile treibt die Madonnenlilie wieder aus und überwintert mit den dann wieder über dem Boden stehenden Blattschöpfen.

287 Wann werden Osterglokken gepflanzt? Welche Bodenansprüche stellen diese herrlichen Frühlingsblumen?
Wenn die Zwiebeln der Osterglocke oder Narzisse *(Narcissus)* schon so frühzeitig im Handel angeboten werden, können sie bereits Ende August gepflanzt werden. Meist sind die Zwiebeln aber erst ab September erhältlich. Die Pflanzen lieben nährstoffreichen und mäßig feuchten Boden.

288 Gibt es Blumen, die nicht nur ein oder zwei Jahre blühen, sondern über mehrere Jahre? Wann sollten sie gepflanzt werden?
Stauden sind langlebige Pflanzen. Sie gehören einfach in jeden Ziergarten. Zu den Stauden, die man im Herbst oder auch im Frühjahr pflanzen kann, gehört zum Beispiel die Schafgarbe *(Achillea)*, die einen sonnigen Standort bevorzugt. Sonne brauchen auch die Chrysanthemen *(Chrysanthemum)*, die im Oktober gepflanzt werden. Wenn man Chrysanthemen schon im Juni pflanzt, bekommt man im Jahr darauf kräftige Gewächse. Der Rittersporn *(Delphinium)* verlangt ebenfalls einen Platz an der Sonne.

289 In manchen Gärten sieht man üppig blühende Wicken, während die eigenen leider nur sehr spärlich blühen. Welcher Pflegefehler liegt da vor?
Am besten blühen die herrlich duftenden Wicken *(Lathyrus)*, wenn man stets die fast verblühten Pflanzenteile entfernt. Man darf auch nicht zulassen, daß sich Samen ausbilden.

290 Wann werden Waldreben gepflanzt? Was gibt es dabei zu beachten?
Die Waldrebe *(Clematis)* wird ab Ende April gepflanzt. Die Pflanzen müssen vor direkter Sonne geschützt werden. Am besten setzt man vor die Waldreben etwa 50 cm hohe Stauden, damit der untere Teil der Clematis geschützt bleibt.

291 Welchen Standort bevorzugt die Ruhmeskrone? Wann wird dieses schöne Blütengewächs ins Freie gepflanzt?
Die Rhizome der Ruhmeskrone *(Gloriosa superba)* sollten nicht vor Mitte Mai an einen leicht schattigen Platz mit Windschutz gepflanzt werden. Der Boden muß humusreich sein. Rhizome waagrecht etwa 10 cm tief ins Pflanzloch legen. Daneben Stäbe in die Erde setzen.

TIP
Bestellen Sie Rosen schon im Spätsommer bei Ihrer Rosen-Baumschule. Im Frühjahr sind sehr häufig die schönsten Sorten bereits vergriffen

Foto: Privater Teich vor einer Kulisse aus Gehölzen. Die Szenerie bestimmen Seerosen der Sorte *Nymphaea* 'Froebelii', Astilben, Pfennigkraut (*Lysimachia*) und Gelbe Wiesenraute (*Thalictrum*).

292 Kann man Sommerflieder, Edelginster und Johanniskraut auch im Oktober noch pflanzen? Was gibt es dabei zu berücksichtigen?

Bei Sommerflieder *(Buddleja)*, Edelginster *(Cytisus)* und Johanniskraut *(Hypericum)* handelt es sich um ziemlich empfindliche Ziersträucher. Man kann sie zwar auch im Oktober noch pflanzen, muß ihnen dann aber Winterschutz verschaffen. Besser ist es, die genannten Ziersträucher im Frühjahr (z. B. an frostfreien Märztagen) zu pflanzen. Ansonsten ist der Monat Oktober für die meisten Ziersträucher der geeignete Pflanztermin.

293 In den neuen Ziergarten sollen Rhododendren gepflanzt werden. Wann ist dafür der geeignete Zeitpunkt? Was gibt es zu beachten?

Rhododendren *(Rhododendron)* lieben kalkfreie, möglichst sandige Böden. Ende März wird das Pflanzloch etwa 80 cm tief ausgehoben. Am besten bringt man auf dem Lochgrund eine 20 cm dicke Dränageschicht aus Splitt oder Kies aus, die mit Reisig abgedeckt wird. Darüber kommt eine Mischung aus Torf und Sand, wobei der Torf sehr naß sein sollte. Schließlich setzt man die Pflanze ins Loch, das nun mit torfhaltiger Erde aufgefüllt wird. Kalkhaltige Böden sind für das Pflanzen von Rhododendren nicht geeignet.

294 Soll man Nadelgehölze lieber im Spätsommer/Herbst oder im Frühjahr pflanzen? Was muß dabei beachtet werden?

Nadelgehölze, sogenannte Koniferen, wie die Serbische Fichte *(Picea omorika)* kann man im August sehr gut pflanzen. Aber auch im April geht das, wenn die Gehölze einen festen Wurzelballen haben. Beim Pflanzen darf die Ballenumhüllung aus Jute nicht entfernt werden. Vielmehr kommt die Konifere mit dem Ballentuch in das vorbereitete Pflanzloch. Den freien Raum um den Ballen füllt man zunächst nur bis zur Hälfte der Ballenhöhe auf und tritt die Erde leicht an. Jetzt kann man das Ballentuch öffnen und nach allen Seiten ausbreiten. Schließlich wird das Loch ganz gefüllt und die Erde danach kräftig angegossen.

295 Ein kleiner, nicht sehr tiefer Teich soll mit Seerosen bepflanzt werden. Was ist dabei zu beachten?

Für Wassertiefen zwischen 20–40 cm eignen sich verschiedene Seerosen *(Nymphaea)*. Die Sorte 'Candidissima' hat zum Beispiel herzförmige Blätter und weiße Blüten, während die Sorte 'Attraction' purpurne Blüten zeigt. Gepflanzt werden sie im Mai/Juni. Beide Sorten sind winterhart.

296 Die Pfingstrosen wurden Ende August des vergangenen Jahres gepflanzt. Doch sie haben in diesem Jahr nicht geblüht. Woran mag das liegen?

Pfingstrosen *(Paeonia)*, die einen vollsonnigen Standort lieben, brauchen nach dem Umpflanzen meist zwei Jahre, bevor sie wieder blühen. Zu tief gepflanzte Sträucher blühen jedoch überhaupt nicht. Am besten läßt man Pfingstrosen am einmal gewählten Platz.

297 Was ist bei der Aussaat von Tausendschönchen zu beachten? Wann werden sie ausgesät?

Tausendschönchen *(Bellis)*, aber auch z. B. Vergißmeinnicht *(Myosotis)*, werden im Juni ausgesät. Am besten gedeihen die Pflanzen, wenn in die obere Erdschicht des Anzuchtbeetes etwas feuchter Torf eingearbeitet wurde.

298 Wann müssen Schneeglöckchen und Krokus gepflanzt werden, damit sie im nächsten Jahr rechtzeitig blühen?

Krokus *(Crocus)* und Schneeglöckchen *(Galanthus)* sollten im August/September an ein geschütztes Plätzchen gepflanzt werden, dann blühen sie ab Februar. Beide Blumen mögen sonnige bis halbschattige Standorte und normale Böden. Besondere Ansprüche haben diese beiden Pflanzen nicht.

299 Welchen Boden bevorzugt das Heidekraut? Wann und wie wird es gepflanzt?

Heidekraut *(Erica)* wird im März gepflanzt. Am besten ist ein sonniger Platz. Der Boden sollte mager, das heißt sandhaltig sein. Heidekraut kommt relativ tief in die Erde. In das Pflanzloch füllt man feuchten Torf mit ein. Heidekraut erreicht je nach Art eine Höhe bis zu 60 cm und zählt zu den Immergrünen. Blütezeit ist in der Regel der Herbst.

300 Welche Pflegemaßnahmen sind für das Gedeihen von Hartriegel erforderlich? Welche Bodenansprüche stellt dieses Gehölz?

Hartriegel *(Cornus)* ist eine große Gattung äußerst robuster, laubabwerfender Sträucher beziehungsweise kleiner Bäume, die keine besonderen Pflegeansprüche stellen. Selbst Schnittmaßnahmen sind unnötig. An den Boden stellen diese genügsamen Pflanzen ebenfalls keine speziellen Ansprüche, der Standort sollte vollsonnig sein.

TIP

Wer um seine Bäume grasfreie, runde Flächen, sogenannte Baumscheiben, anlegt, schützt die Stämme wirkungsvoll gegen Schädlinge.

301 Was muß mit Lavendel gemacht werden, damit sich die Pflanze verjüngt und attraktiv bleibt?
Lavendel *(Lavandula angustifolia)*, wird im April stark zurückgeschnitten und bekommt so eine schöne und verjüngte Form. Man sollte bei den Pflegemaßnahmen durchaus nicht zimperlich sein und die Pflanze auf ein Drittel zurückschneiden.

302 Welche Böden bevorzugen die Prärielilien? Wie schützt man die Pflanze vor Frost?
Die Zwiebeln der Prärielilie *(Camassia)*, die am besten im August etwa 20 cm tief gelegt werden sollten, sind sehr empfindlich gegen Nässe. Der Hobbygärtner muß also dafür sorgen, daß der Boden am Standort sehr wasserdurchlässig und leicht ist. In kalten Regionen schützt man die Zwiebeln durch eine dicke Laub- oder Torfschicht vor Frost.

303 Wie tief kommen die Zwiebeln der Kaiserkrone in die Erde? Wann werden sie gelegt? Welche Bodenansprüche hat die Pflanze?
Die Zwiebeln der Kaiserkrone *(Fritillaria imperialis)* kommen im August etwa 20 cm tief und in Abständen von etwa 30 cm in humusreiche Erde. Die Pflanze gedeiht am besten an sonnigen Standorten und blüht, je nach Art, schon im März.

304 Wie tief und wann sollen Hyazinthenzwiebeln gelegt werden?
Die Zwiebeln der Hyazinthe *(Hyacinthus orientalis)* kommen je nach Bodenart – 10 cm bei schweren, 15 cm bei leichteren Böden – im September in die Erde. Aufpassen, daß der empfindliche Wurzelkranz beim Legen nicht verletzt wird. Zum Abschluß wird die Pflanzstelle mit einer Schutzschicht, etwa aus Rasenschnitt, versehen.

305 Wann müssen die Ziergehölze geschnitten werden? Was ist dabei zu beachten?
Ab November kann mit dem Schnitt der Ziergehölze begonnen werden. Aber Blütensträucher, die bereits während des Sommers Knospen ausgebildet haben – z. B. Flieder *(Syringa)*, Goldregen *(Laburnum)* oder Zierkirsche *(Prunus)* –, dürfen keinesfalls im Winter zurückgeschnitten werden. Bei diesen Gehölzen genügt Auslichten überalterter Triebe.

TIP

Der Boden um Sträucher und Ziergehölze läßt sich durch lockeres Einarbeiten von Gesteinsmehlen verbessern. Die im Handel erhältlichen Präparate sind besonders reich an Mineralien und Spurenelementen.

Foto: Zwiebelblumen, hier prächtige Kaiserkronen und anmutige Narzissen mit Rhododendron als Begleiter, sind besonders im Frühling aus dem Ziergarten nicht wegzudenken.

306 Wann soll man die im Oktober gepflanzten Rosen schneiden? Muß dabei auf Besonderheiten geachtet werden?

Die im Oktober gesetzten Rosen *(Rosa)* schneidet man nach dem Pflanzen etwa um ein Viertel zurück. Erst im folgenden Frühjahr wird auf die endgültige Länge zurückgeschnitten. Würde sofort nach dem Pflanzen auf Normallänge zurückgeschnitten, bestünde die Gefahr, daß die Rosen während des Winters zurückfrieren.

307 Welchen Schutz brauchen Montbretien, damit sie heil durch den Winter kommen? Oder sollte man die Knollen lieber aus der Erde nehmen?

Die Knollen der Montbretie *(Crocosmia)* können während des Winters in der Erde bleiben, aber man muß sie ab Oktober mit einer etwa 25 - 30 cm dicken Schutzschicht aus Laub oder Torf bedecken. Man kann die Knollen auch herausnehmen und im Keller lagern, aber im Boden belassene danken es im nächsten Jahr durch eine reiche Blüte.

308 Kann man Tulpen während des Winters im Boden lassen? Oder lagert man die Zwiebeln lieber ein, um sie später wieder auszupflanzen?

Man kann die Zwiebeln der Tulpe *(Tulipa)* im Boden lassen, aber nach Möglichkeit nicht länger als zwei Jahre hintereinander. Danach nimmt man sie aus der Erde und pflanzt sie an einem neuen Standort wieder ein. Die schönen Blumen danken einem diese Maßnahme mit gesundem Blühen und Gedeihen.

309 Wie schützt man die immergrünen Pflanzen des Steingartens im Winter?

Die Immergrünen dürfen keinesfalls mit verwehtem Laub bedeckt sein. Eine Abdeckung mit Laub würde bei diesen winterharten Pflanzen unweigerlich zu Fäulnis führen. Ab Oktober sollte man also darauf achten, daß die Immergrünen nicht mit dem abgefallenen Laub anderer Pflanzen bedeckt sind.

310 Welche Mohnarten sind winterhart?

Problemlos über den Winter bringen lassen sich der Türkische Mohn *(Papaver orientale)* und der Islandmohn *(Papaver nudicaule)*, die beide zu den Stauden gehören. Der Türkische Mohn eignet sich gut für Staudenbeete, während der Islandmohn besonders im Steingarten auf besonnten Böschungen zur Geltung kommt. Wenn die Pflanzen nicht an besonders ungeschützten Stellen dem Wind ausgesetzt sind, überstehen sie den Winter mit einer Abdeckung aus Reisig. Die Vermehrung dieser Stauden erfolgt durch Teilung.

311 Wann müssen Löwenmäulchen ausgesät werden? Was ist dabei zu beachten?

Löwenmäulchen *(Antirrhinum majus)* werden in einer sogenannten Vorkultur bereits im März im kalten Frühbeet weiträumig ausgesät. Die Saat wird nicht mit Erde, sondern dünn mit Sand bedeckt. Bis zum Keimen der Samen muß der Sand feucht gehalten werden. Anschließend stets vorsichtig gießen und an sonnigen Tagen das Beet lüften.

312 Wie wird das hübsche Johanniskraut vermehrt? Wann ist dafür der ideale Zeitpunkt?

Johanniskraut *(Hypericum)* läßt sich ganz einfach durch Teilung vermehren. Dazu nimmt man im April die ganze Pflanze mit ihren Wurzelausläufern aus dem Boden und teilt sie vorsichtig in Einzelpflänzchen. Diese werden dann in ein Beet mit guter Erde gesetzt.

TIP

Bei der Vermehrung von Stauden mit Rhizomen, zum Beispiel von Iris, immer darauf achten, daß die Teilstücke gesund sind.

313 Wie und wann geschieht die fachgerechte Vermehrung von Sommerflieder?

Der Sommerflieder *(Buddleja)*, ein laubabwerfender Strauch, wird im Juni durch Grünstecklinge, das sind noch grüne Stecklinge von diesjährigen Trieben, vermehrt. Sie sollten zwei bis vier Blattachseln aufweisen. Danach kommen die etwa bleistiftdicken und -langen Stecklinge in ein Torf-Sand-Gemisch – entweder in einen Topf mit einer hellen Folienhaube auf das Fensterbrett, oder man stellt die Töpfe ins Frühbeet. Bis zum Spätsommer haben sich die Stecklinge bewurzelt und können ins Freie ausgepflanzt werden.

314 Wie werden Wasserpflanzen, wie zum Beispiel die Seerose, richtig vermehrt? Gibt es dafür einen festen Zeitpunkt?

Die Seerose *(Nymphaea)* wird durch Teilung im April/Mai vermehrt. Dazu nimmt man die Pflanzen aus dem Wasser und schneidet mit einem scharfen Messer die Rhizome etwa 15 cm hinter dem Vegetationspunkt ab. Die Teilstücke werden danach in frische und feuchte Erde neu eingepflanzt.

315 Wie lassen sich Steingartennelken am besten vermehren? Gibt es Besonderheiten zu beachten?

Steingartennelken *(Dianthus)* werden im Juni durch Stecklinge vermehrt. Man wählt dazu eine kräftige Pflanze mit vier oder fünf Blattpaaren, streift das letzte Blattpaar nach unten ab und schneidet den Stengel unterhalb des Blattknotens mit einem scharfen Messer durch. Die Stecklinge kommen in Töpfe mit sandhaltiger Erde, wobei das untere Blattpaar über dem Substrat sitzen muß. Gut gießen und in ein kaltes Frühbeet stellen. Lüften nicht vergessen. Nach etwa drei Wochen sind die Stecklinge bewurzelt. Sie können 14 Tage später ins Freiland gepflanzt werden.

316 Kann man Rhododendren selbst vermehren? Wenn ja, wie geht das?

Rhododendren *(Rhododendron)* kann der Hobbygärtner leicht selbst vermehren, und zwar im Juni/Juli durch Absenker. Dazu wird ein gesunder verholzter Trieb 30 cm unterhalb der Triebspitze halb durchgeschnitten und auf den Boden gebogen. Dort klemmt man ihn mit einem Drahtbügel oder einer Astgabel fest. Das Triebende wird wieder hochgebogen und an einem Stab befestigt. Der abgesenkte Teil wird mit Torf umhüllt und feucht gehalten. Nach einiger Zeit bilden sich Wurzeln. Im Herbst des übernächsten Jahres kann die Jungpflanze von der Mutterpflanze getrennt und eingepflanzt werden.

317 Wann ist die beste Zeit, um Gartennelken zu vermehren? Wie wird das gemacht?

Mehrere Jahre alte Gartennelken *(Dianthus)* werden im Juli/August durch Absenker vermehrt. Das geht so: Man sucht von einer gesunden Mutterpflanze einen kräftigen Seitentrieb aus und streift die unteren Blätter ab. An der Spitze sollten etwa vier bis sechs Blattpaare verbleiben. Dann wird mit einem scharfen Messer der Stengel unter dem letzten Blattpaar längs gespalten. Unterhalb des Blattknotens wird der Stengel durchtrennt, so daß eine Zunge stehenbleibt, die sich nach unten aufklappen läßt. Nun wird der Absenker herabgebogen, in Erde gedrückt und mit einer Drahtklammer festgesteckt. Nach etwa sechs Wochen hat sich der Absenker bewurzelt und kann von der Mutterpflanze abgetrennt werden.

318 Kann man Tigerlilien selbst vermehren? Wenn ja, wie wird das gemacht?

Tigerlilien *(Lilium tigrinum)*, aber auch verschiedene Hybriden, lassen sich ganz einfach durch Brutzwiebeln vermehren. Dazu nimmt man im August die an den Stengeln der Tigerlilie sitzenden Brutzwiebeln ab und bringt sie in die Erde. Nicht tief eindrücken. Etwa 4 cm Pflanztiefe reichen aus. Anschließend werden die Brutzwiebeln mit einem Sand-Torf-Gemisch bedeckt.

TIP

Lavendel gilt als idealer Rosenbegleiter. Man sagt, seine stark duftenden ätherischen Öle halten der Königin der Blumen die Schädlinge vom Leib.

319 Wie lassen sich Schwertlilien vermehren? Was muß dabei beachtet werden?

Im Juli gräbt man die Schwertlilie *(Iris)* – sie sollte etwa drei Jahre im Boden gewesen sein – aus und schneidet die jungen Rhizome mit ein bis zwei Blattbüscheln ab. Danach werden sie in gut mit Kompost vorbereitete Erde eingepflanzt. Der obere Teil der Rhizome bleibt unbedeckt. Im Wurzelbereich wird die Erde gut angedrückt. Nach dem Pflanzen werden die oberen Teile der Blätter zur Hälfte eingekürzt, um die Verdunstung zu verringern.

320 Die Traubenhyazinthen sollen vermehrt werden. Wann und wie wird das gemacht?

In nährstoffreichem Boden vermehren sich Traubenhyazinthen *(Muscari botryoides)* meist ganz von allein. Die Pflanzen bilden Zwiebeln, die man abtrennen und wieder neu einpflanzen kann. Das muß aber im Herbst sehr rasch passieren, denn wenn man die Zwiebeln länger aufbewahrt, schrumpfen sie und gehen ein.

321 Kann der Hobbygärtner seine Rosen selbst vermehren? Wie wird das gemacht?

Man kann im September Floribunda-Rosen und auch Teehybriden selbst vermehren, wenn man nicht gerade in einer besonders kalten Region lebt. Man schneidet etwa bleistiftdicke und -lange Stecklinge von ausgereiften Trieben. Sie werden jeweils dicht unter dem oberen und unteren Blatt schräg abgeschnitten. Stacheln und alle Blätter bis auf die obersten zwei entfernen. Nun hebt man an einem schattigen Platz im Garten einen spatentiefen, V-förmigen Graben aus, auf dessen Sohle man eine Schicht Sand ausbringt. Die Stecklinge, die man zur besseren Wurzelbildung in ein Bewurzelungshormon tauchen kann, werden nun im Abstand von etwa 20 cm so in den Sand gesteckt, daß das untere der beiden Blätter über der Erde bleibt. Danach wird der Graben mit Erde aufgefüllt, die man leicht festtritt. Nach etwa 15 Monaten können alle bewurzelten Stecklinge verpflanzt werden.

322 Die hübschen Sumpfdotterblumen am Rand des Gartenteiches sollen vermehrt werden. Wie und wann macht man das am besten?

Die zumeist gelbblühende Sumpfdotterblume *(Caltha palustris)* wird im Sommer durch Teilung des Wurzelstockes vermehrt. Und zwar geschieht das gleich nach der Blüte. Die Blumen können übrigens auch auf feuchte Rabatten gepflanzt werden.

Foto: Die Iris ist die Pflanze der Regenbogengöttin. Ihre Farbpalette ist entsprechend umfangreich.

TIP

Wer möchte, daß sich der Rasen besonders dicht und kräftig entwickelt, sollte ihn regelmäßig vertikutieren.

323 Der Rasen ist über Nacht von einem Maulwurf buchstäblich umgepflügt worden. Was kann man tun, um das Tier aus dem Garten zu vertreiben?

Zuerst muß man wissen, daß der nützliche Maulwurf unter Naturschutz steht. Er darf also weder gefangen noch getötet, sondern höchstens verjagt werden. Und das geht so: Eine etwa meterlange Eisenstange wird kräftig in den Boden getrieben. Mehrmals pro Tag schlägt man nun mit einem Hammer gegen die Stange. Der Lärm ist dem Maulwurf lästig – er verzieht sich. Der Hobbygärtner sollte aber auch bedenken, daß der Maulwurf zu den Nützlingen zählt und große Mengen von Schädlingen vertilgt, die an den Wurzeln der Pflanzen nagen, er selbst verschmäht die Wurzeln.

324 Es wimmelt im Rasen nur so von Schnaken. Was kann man bloß gegen diese Insekten unternehmen?

Die ausgewachsenen Tiere sind zwar lästig, aber nicht weiter schädlich. Die Larven zerstören allerdings Rasenwurzeln ebenso wie die Wurzeln verschiedener anderer Pflanzen. Abhilfe: Den Rasen kurz schneiden und walzen, und zwar ab Mitte August bis Ende September, denn dann legen die Schnaken ihre Eier dicht unter den Boden.

325 An den Lilien sieht man zahlreiche knallrote Käfer, die die Pflanzen benagen. Was unternimmt man gegen die Schädlinge?

An den Lilien *(Lilium)* laben sich Lilienhähnchen, die in zwei sehr ähnlichen Arten auftreten *(Lilioceris lilii, L. merdigera)*. Die Tiere und ihre Larven schädigen durch Fraß alle Liliensorten. Wirksame, wenn auch mühsame Abhilfe: das Absammeln von Hand. Dabei immer eine Hand unter die Blätter halten, da sich die Tiere bei Berührung einfach fallen lassen.

326 An vielen Pflanzen, besonders aber an den Zinnien, tun sich Scharen von Nacktschnekken gütlich. Wie bekämpft man diese Schädlinge energisch?

Nacktschnecken schaden überall im Garten, aber die Zinnie *(Zinnia)* zählt wohl zu den Lieblingsspeisen dieser Tiere. Am wirksamsten ist das Absammeln der Schnecken am frühen Morgen oder am Abend. Erfolgversprechend ist auch das ebenerdige Eingraben von Dosen, die mit Bier gefüllt sind. In diese Fallen stürzen die vom Bierduft angelockten Schädlinge. Um Schnecken von besonders gefährdeten Pflanzen abzulenken, nützt auch das Auslegen von rohen Apfelstücken.

327 Die Blätter der Chrysanthemen sind hellgelb gesprenkelt. Überall befinden sich feine Gespinste. Welcher Schädling verursacht das? Was kann man dagegen tun?
Die Verfärbung der Blätter und die Gespinste sind Folgen der Tätigkeit von Spinnmilben auf den Chrysanthemen *(Chrysanthemum)*. Man kann die befallenen Pflanzen mit einem scharfen Wasserstrahl abbrausen. In hartnäckigen Fällen hilft allerdings nur das Besprühen mit einem speziellen Akarizid.

328 Um die Rosenknospen sitzen dicht an dicht Blattläuse. Wie kann man die Pflanzen von diesen Schädlingen befreien?
Blattläuse, die grün, braun oder schwarz sein können, schädigen die Pflanzen durch ihre Saugtätigkeit. Für Abhilfe sorgt Sprühen mit Seifenlösungen oder Brennesselauszug. Bei starkem Befall hilft Pyrethrum- oder ein anderes Spezialspray.

329 An verschiedenen Zierpflanzen sind höckerartige Schilde zu erkennen. Die befallenen Pflanzenteile sind mit einem schwarzen Belag bedeckt. Was ist das? Kann man etwas dagegen tun?
Die Pflanzen sind von Schildläusen befallen; bei dem Belag handelt es sich um Rußtaupilze, die sich auf den Ausscheidungen der Läuse ansiedeln. Unter den Schilden sitzen die Schädlinge. Man sollte die befallenen Pflanzen mit Präparaten auf Mineralölbasis oder mit systemisch wirkenden Mitteln behandeln.

330 Auf zahlreichen Blättern der Stechpalme, aber auch bei anderen Zierpflanzen sieht man dunkle Fraßgänge. Worum handelt es sich?
Die Fraßgänge an der Stechpalme *(Ilex)* werden von den Larven der Minierfliege verursacht. Stark befallene Blätter entfernen und vernichten. Erst bei fortgeschrittenem Befall systemisch wirkende Insektizide einsetzen.

331 Zahlreiche Blätter des Rhododendrons kümmern und wirken schlaff. Wodurch wird das verursacht? Gibt es wirksame Abhilfe?
Die schlaffen Blätter des Rhododendrons *(Rhododendron)* sind die Folge der Saugtätigkeit von Netzwanzen. Wenn man die Schädlinge nicht bekämpft, sterben die Blätter nach und nach ab. Befallene Blätter entfernen und vernichten. Die Wanze wird mit einem speziellen Insektizid, das im Fachhandel erhältlich ist, bekämpft.

TIP
Mit ausgelegten rohen Kartoffelhälften lassen sich die schädlichen Larven des Drahtschnellkäfers, die Drahtwürmer, am einfachsten anlocken, absammeln und vernichten.

Foto: Duftende Pflanzen wie diese Thymianpolster sehen zwischen den Trittsteinen im Staudenbeet nicht nur attraktiv aus, sie können die Pflanzen durch ihre ätherischen Öle auch erfolgreich vor Krankheiten schützen.

332 Eine Zierkirsche ist dicht mit wattebauschähnlichen Gebilden übersät. Darin erkennt man braun-rote Läuse. Um welche Schädlinge handelt es sich? Was kann man dagegen unternehmen?

Die Gebilde an der Zierkirsche *(Prunus)* stammen von Blutläusen. Blutläuse befallen oft auch Rot- und Feuerdorn, Kirsch- und Apfelbäume sowie Zierquitten. Die stark saugenden Läuse können den Baum im Wachstum hemmen. Gelegentlich entstehen auch Rindenwucherungen, die Rinde platzt auf und bietet so Pilzen eine Möglichkeit zum Eindringen. Dadurch werden die Bäume noch zusätzlich geschädigt. Gegen die Läuse hilft Spritzen mit Farnkrautextrakt. Ansonsten sollte man großen Wert auf Rindenpflege legen, das heißt man muß Rindenwunden gut ausschneiden und mit Wundbalsam bestreichen.

333 Bekanntlich ist ja auch im Ziergarten Mischkultur möglich. Welche Zierpflanzen halten sich gegenseitig Krankheiten und Schädlinge vom Leib?

Zum Kummer vieler Hobbygärtner werden Rosen *(Rosa)* immer wieder von Blattläusen befallen und entsprechend geschädigt. Aber für dieses Problem gibt es eine ebenso wirkungsvolle wie attraktive Lösung: Pflanzen Sie einfach Lavendel *(Lavandula angustifolia)* zwischen Ihre Rosen. Der starke Duft des Lavendels hält die Blattläuse von den Rosen fern. Auch Phlox, der häufig von Nematoden befallen wird, kann von der Mischkultur profitieren. Sät man zwischen den Phlox *(Phlox)* Ringelblumen *(Calendula officinalis)* aus, werden die Nematoden, die auch unter dem Namen Bodenälchen bekannt sind, schnell verschwinden, da ihnen die Wurzelausscheidungen der Ringelblumen nicht gut bekommen.

334 Viele Blattunterseiten der Stockrosen sind mit kleinen, rostigen Warzen bedeckt. Wodurch wird diese Erscheinung verursacht? Was ist dagegen zu unternehmen?

Die Stockrosen *(Alcea rosea)* sind von der Rostkrankheit befallen. Wenn im Frühjahr die Jungtriebe durch die Erde stoßen, infizieren sie sich mit dem Rostpilz. Befallene Pflanzenteile müssen entfernt und vernichtet werden. Im nächsten Frühjahr muß dann auch der erste Austrieb, der wieder infiziert ist, entfernt werden. Der anschließend folgende Nachtrieb ist dann in der Regel frei von dem Schadpilz. In äußerst hartnäckigen Fällen kann man mit einem speziellen Fungizid spritzen.

TIP

Rosen danken es mit herrlicher Blüte, wenn man sie mit Pferdemist düngt. Er enthält alle für diese Blütengehölze wichtigen Nährstoffe.

335 Die Blüten zahlreicher Rosen sind mit einem häßlichen weißgrauen Pilzrasen überzogen. Um welche Krankheit handelt es sich dabei? Was sorgt für rasche Abhilfe?

An den Blüten der Rose *(Rosa)* hat sich der Grauschimmel breitgemacht. Gefördert wird dieser Schwächepilz durch zu engen Pflanzenstand, zu geringe Durchlüftung und zu stickstoffbetonte Dünger. Alle befallenen Pflanzenteile sollte man sorgfältig entfernen und vernichten. Vorbeugend helfen Zwischenpflanzungen mit Knoblauch und Besprühen von Nachbarpflanzen und umgebendem Boden mit Schachtelhalmbrühe. In hartnäckigen Fällen muß mit einem speziellen Fungizid gespritzt werden.

336 An den Blättern mehrerer Rosen sieht man schwarzbraune Punkte, die sich strahlenförmig zu Flecken ausbreiten. Viele Blätter fallen ab. Wodurch wird diese Krankheit verursacht? Was läßt sich dagegen tun?

Die Rosen *(Rosa)* sind vom Sternrußtau befallen. Im Verlauf dieser Pilzerkrankung kommt es zu starkem Blattfall. Alle betroffenen Blätter sorgfältig entfernen und vernichten. Vorbeugend wirken Spritzungen mit Brennesseljauche und Schachtelhalmbrühe. In hartnäckigen Fällen muß ein spezielles Fungizid eingesetzt werden.

337 Auf Blättern und Stengeln der Chrysanthemen erkennt man einen mehlartigen Belag. Die Pflanzen kümmern. Was ist los? Welche Abhilfe gibt es?

Die Chrysanthemen *(Chrysanthemum)* sind vom Echten Mehltau befallen. Diese Pilzerkrankung wird durch Feuchtigkeit oder durch zu engen Stand der Pflanzen gefördert. Alle befallenen Pflanzenteile sorgfältig entfernen und vernichten. Vorbeugend mit Schachtelhalmbrühe spritzen. Bei sehr starkem Befall hilft Besprühen mit einem speziellen Fungizid.

338 An zahlreichen Pelargonienblättern befinden sich dunkelgrüne Flecken, die später braun werden. Viele Blätter vertrocknen rasch. Was kann man dagegen tun?

Die Pelargonien *(Pelargonium)* sind von der Blattfleckenkrankheit befallen. Der Schadpilz kann sich rasend schnell verbreiten. Gefördert wird die Verbreitung durch zu feuchten und unbelüfteten Standort. Kranke Pflanzenteile entfernen und vernichten. Spritzungen mit speziellem Fungizid sorgen für Abhilfe.

339 Viele Triebspitzen der Strauchhortensien weisen völlig verkrüppelte Blätter auf. Wodurch wird das verursacht? Was kann man dagegen unternehmen?

Vermutlich wurden die Strauchhortensien *(Hydrangea paniculata, H. arborescens)* bei großer Hitze mit einem chemischen Mittel gespritzt und reagieren nun mit diesen Verkrüppelungen. Das tun sie – ebenso wie andere Pflanzen – auch dann, wenn zum Beispiel die Dosis zu hoch oder der Spritzstrahl zu stark war. Aber keine Angst, nach einigen Wochen wachsen die Pflanzen wieder ganz normal weiter.

340 Mit rasender Geschwindigkeit verbreitet sich der Giersch im Rasen. Was soll man nur tun, um dieses hartnäckige Unkraut zu bändigen?

Der Giersch *(Aegopodium)* ist eine echte Plage. Das Kraut verbreitet sich ungeheuer schnell und greift auch auf die Beete über. Leider gibt es nur eine wirklich wirksame, wenn auch mühsame Abhilfe: Man muß den Giersch Pflanze für Pflanze aus dem Rasen ziehen. Dabei ist darauf zu achten, daß keine Wurzelreste mehr im Boden bleiben, denn jedes Teilstück treibt unverzüglich wieder aus.

341 Die Blätter des Essigbaumes sind völlig schlaff und welken. Wodurch wird das bewirkt? Gibt es Abhilfe dagegen?

Der Essigbaum *(Rhus typhina)* wurde von der Laub- und Triebwelke befallen. Pilze dringen in die Pflanzenwurzeln ein und wuchern dann in den Leitungsbahnen, die sie so verstopfen. Vorbeugend hilft gute Bodenpflege. Befallene Pflanzenteile entfernen und vernichten. Bei zu starkem Befall muß der ganze Baum entfernt und vernichtet werden. Von kranken Pflanzen keine Ableger nehmen.

342 Die unteren Stengelteile einer Forsythie sind mit wulstigen, hellgrünen Wucherungen bedeckt. Die Pflanze kümmert. Was kann man dagegen tun?

Die Forsythie *(Forsythia)* ist vom Bakterienkrebs befallen. Durch kleine Wunden dringen die Bakterien vom Boden aus in die Forsythie ein. Die Bakterien verursachen die verstärkte Zellvermehrung – die sichtbaren Wucherungen. Leider kann man diese Krankheit nicht bekämpfen. Die betroffene Forsythie muß entfernt und vernichtet werden.

TIP

Pflanzen Sie Hecken. Sie sind nicht nur als Gartenbegrenzung oder Sichtschutz gut geeignet, sondern bieten auch unseren Vögeln Schutz und Nistmöglichkeiten.

343 Der neuangelegte Garten soll mit einer Hecke eingegrenzt werden. Welche Pflanzen eignen sich gut für diesen Zweck?
Hecken sind stets schöner als Drahtzäune oder Betoneinfassungen. Als Heckenpflanzen, die sich gut schneiden lassen, eignen sich zum Beispiel der Liguster *(Ligustrum)*, der Buchsbaum *(Buxus)* oder die Hainbuche *(Carpinus betulus)*.

344 Als Übergang vom Nutz- zum Ziergarten ist eine Pergola vorgesehen. Womit könnte man sie hübsch begrünen?
Man könnte die Pergola »nutzbringend« etwa mit Spalierobst bepflanzen. Wenn es aber nur um den hübschen Anblick geht, dann sind Bepflanzungen mit Waldreben *(Clematis)*, Geißblatt *(Lonicera)* oder Glyzinen *(Wisteria sinensis)* angebracht. Aber auch Kletterrosen *(Rosa)* oder Wilder Wein *(Parthenocissus)* eignen sich gut für diesen Zweck.

345 Eine kahle Hauswand soll mit Pflanzen verdeckt werden. Welche Möglichkeiten bieten sich da an?
Für diesen Zweck bietet sich natürlich der anspruchslose Efeu *(Hedera helix)* an, der an Haftwurzeln klettert – und dabei keine Hauswände beschädigt, wie oft behauptet wird. Aber hübscher wären vielleicht blühende Kletterpflanzen wie z. B. die Fünfblättrige Akebie *(Akebia quinata)*, die kleine bräunlich-violette Blüten hervorbringt. Empfehlenswert ist auch die völlig winterharte Pfeifenwinde *(Aristolochia macrophylla)*, die gelbgrüne, manchmal auch bräunliche Blätter hat.

346 Ein größeres Gartengrundstück soll mit Laubgehölzen bepflanzt werden, die nicht allzu riesig werden. Was bietet sich da an?
Wenn die Bäume nicht in den Himmel wachsen sollen, kann man den Ziergarten auch mit strauchartigen Gehölzen gut bepflanzen. Sei es nun als Begrenzung oder als Auflockerung der Fläche – es bieten sich an: Japanischer Ahorn *(Acer japonicum)*, der bis 4 m hoch wächst und sehr hübsch gefärbtes Laub hat, oder die Felsenbirne *(Amelanchier)*, die weiße Blüten hat und im Herbst schön gefärbtes Laub trägt. Felsenbirnen können bis 5 m hoch werden. Oder wie wäre es mit Sommerflieder *(Buddleja)*? Er kann bis etwa 2,5 m hoch werden und hat weiße oder purpurrote Blüten. Etwa 2 m hoch wird die Scheinquitte *(Chaenomeles)*, deren Blüten orangefarben, aber auch dunkel- oder zinnoberrot, rosa oder weiß sein können. Recht buschig wächst der Hartriegel *(Cornus)*, der bis 2,5 m hoch wird.

Foto: Die Magnolie (Magnolia soulangeana) ist ein eleganter Hausbaum, der am besten als Solitär wirkt.

TIP

Eine Pergola paßt in jeden Garten. Wer in einer klimatisch günstigen Region wohnt, sollte statt der üblichen Berankung aus Kletterrosen oder Wildem Wein einmal Kiwis probieren.

347 **Das neuerworbene Gartengrundstück ist zwar wunderschön, liegt aber in Großstadtnähe und ist deshalb allen Schadstoffen unserer Tage ausgesetzt. Gibt es Laubgehölze, die auch bei verschmutzter Luft gut gedeihen?**

Es gibt es zahlreiche Laubgehölze, die industriefest sind. Hier eine kleine Auswahl: Da ist die Lorbeerrose *(Kalmia latifolia)*; industriefest sind auch der Ranunkelstrauch *(Kerria)* und die Heckenkirsche *(Lonicera ledebourii)*. Ebenso die prächtig blühende Magnolie *(Magnolia)*, die gut auf sauren Böden in geschützten Lagen gedeiht. Und dieser Baum ist ebenso gut als Solitärpflanze geeignet wie der Trompetenbaum *(Catalpa)*, der weiße Blütenkerzen bekommt. Sehr robust ist auch der Amerikanische Blumenhartriegel *(Cornus florida)*.

348 **Das noch unberührte Gartengrundstück liegt an einem sanften Hang. Was kann man machen, damit das Gelände trotz der Höhenunterschiede vorteilhaft wirkt?**

Es ist tatsächlich nicht ganz einfach, einen Garten mit Gefälle hübsch zu gestalten. Aber mit etwas Überlegung und Phantasie läßt sich diese Aufgabe dennoch lösen. Zum Beispiel kann man die sanfte Hanglage mit einer Trockenmauer auflockern. Dazu braucht man flache Natursteine. Für das Fundament sollte ein etwa 30 cm tiefer Graben ausgehoben werden. Dahinein kommt Schotter. Und darauf baut man die Mauer – eine Schicht Stein, eine dünne Schicht Erde – auf. Die Mauer sollte eine leichte Neigung zum Hang hin haben. Zum Schluß werden die Pflanzen, z. B. Blaukissen *(Aubretia)*, Küchenschelle *(Anemone pulsatilla)*, Enzian *(Gentiana)* oder Steinbrech *(Saxifraga)* gepflanzt.

349 **Ein neuangelegter Steingarten soll mit Stauden bepflanzt werden. Was eignet sich am besten?**

Für die Bepflanzung des Steingartens, die ja persönliche Geschmackssache ist, stehen eine Vielzahl von Stauden zur Verfügung. Hier nur eine kleine Auswahl von Stauden, die alle relativ anspruchslos sind: Schafgarbe *(Achillea)*, Adonisröschen *(Adonis vernalis)*, Steinkraut *(Alyssum)*. Alle genannten Pflanzen vertragen auch Trockenheit. Weiter könnte man anpflanzen: Nelken *(Dianthus)*, Edelweiß *(Leontopodium)*, Fingerkraut *(Potentilla)* und Goldflachs *(Linum flavum)*. Diese Pflanzen bevorzugen durchlässigen Gartenboden. Für eher sonnige Standorte eignen sich zum Beispiel gut: Grasnelke *(Armeria)*, Küchenschelle *(Anemone pulsatilla)*, Aster *(Aster)*, Blaukissen *(Aubrieta)*, Flammenblume *(Phlox)* oder auch Hauswurz *(Sempervivum)*.

350 **Da ausreichend Platz vorhanden ist, soll im Garten ein Teich angelegt werden. Welche Wasserpflanzen eignen sich?**
Als Pflanzen für Tiefen um 50 cm sind beispielsweise zu empfehlen: Seerosen *(Nymphaea)*, Sumpfrosen *(Nymphoides peltata)* oder Goldkeulen *(Orontium aquaticum)*. Als sauerstoffbildende Pflanzen sind folgende beliebt: Rauhes Hornkraut *(Ceratophyllum demersum)*, Wasserfeder *(Hottonia palustris)*, Wasserhahnenfuß *(Ranunculus aquatilis)* oder auch Kanadische Wasserpest *(Elodea canadensis)*. Alle genannten Pflanzen können im Mai/Juni gepflanzt werden.

351 **Um einen unregelmäßig geformten Teich herum soll eine Art Sumpflandschaft angelegt werden. Welche Pflanzen sind dafür besonders geeignet?**
Da gibt es natürlich eine Vielzahl. Zu nennen sind Sumpfkalla *(Calla palustris)*, Dotterblume *(Caltha)*, Schwertlilie *(Iris)* oder Rohrkolben *(Typha)*. Alle wachsen bevorzugt am Rand des Teiches oder im Flachwasser. Gepflanzt werden können sie im Mai/Juni.

352 **Im Garten gibt es, bedingt durch zahlreiche Büsche und Bäume, recht ausgedehnte schattige Stellen. Welche Farne gedeihen dort?**
Die meisten Farne lieben feuchte Böden und schattige Plätze. Rippenfarn *(Blechnum spicant)*, Wurmfarn *(Dryopteris)*, Königsfarn *(Osmunda regalis)* und Hirschzunge *(Phyllitis)* sind nur einige der vielen attraktiven Arten. Farne pflanzt man am besten im März oder April.

353 **An zwei sonnigen Seiten des Hauses befinden sich sehr schmale Streifen Land. Es lohnt nicht, darauf einen richtigen Vorgarten anzulegen, aber wie verhindert man, daß dort Unkraut aufkommt?**
Auch diese schmalen Streifen lassen sich nutzen. Man sollte dort einfach bodendeckende Gewächse pflanzen. Geeignet sind zum Beispiel Hornkraut *(Cerastium tomentosum)* und Katzenpfötchen *(Antennaria dioica)* für magere und leichte Böden. Beide Pflanzen sind immergrün. Für trockene und leichte Böden eignen sich das Stachelnüßchen *(Acaena)* mit seinem hübschen Laubschmuck und die immergrüne Schafgarbe *(Achillea)*. Völlig anspruchslos ist die Fetthenne *(Sedum spurium)*, die ebenfalls immergrün ist.

TIP
Pflanzen Sie Baumgruppen oder Einzelbäume eher an den Gartenrand. Dort stören sie nicht und bieten zudem Sicht-, Wind- und Lärmschutz.

Fragen und Antworten zum Nutzgarten

Foto: Eine gute Ernte – kein Problem, wenn man jahrelang Erfahrung gesammelt hat und die Gesetze der Natur kennt und beachtet.

Sonnenwarme Tomaten, Erdbeeren und Himbeeren von himmlischer Süße, knackfrischer Salat, Äpfel, die sich noch lange lagern lassen – keine Frage: Wer einen Nutzgarten besitzt, kann im siebten kulinarischen Himmel schwelgen. Aber Vorsicht: Es gibt jede Menge neidische Mitesser im Gemüse- und Kräutergarten. Und manchmal will auch trotz ausbleibender Schädlinge nichts so recht gedeihen. Auf den nächsten Seiten die häufigsten Fragen und Antworten.

WEG-WEISER

Fragen zum Pflanzen und Pflegen

Fragen zur Vermehrung

Fragen zum Pflanzenschutz

Fragen zum Ernten und Lagern

Fragen zur Gestaltung

354 Wann kann mit der Aussaat von Kopfsalat begonnen werden? Gibt es dabei Besonderheiten zu beachten?

Kopfsalat *(Laffuca sativa)* kann ab Mitte März bis Anfang April ins Freiland ausgesät werden. Gesät wird in Reihen mit einem Abstand von etwa 8 cm. Die Saattiefe sollte etwa 1 cm betragen.

355 Kartoffeln soll man vorkeimen lassen, ehe sie gelegt werden. Was ist dabei zu beachten?

Etwa Ende Februar legt man gesunde Kartoffeln *(Solanum tuberosum)* so in flache, mit feuchtem Torf gefüllte Kisten, daß die meisten Augen nach oben zeigen. Dann werden die Kisten an einem hellen Ort bei etwa 15 Grad Celsius aufgestellt. Nach ungefähr sechs Wochen haben die Knollen kurze, kräftige Keime. Wenn der Boden nicht zu naß ist, können die Kartoffeln in der zweiten Aprilwoche ausgelegt werden. In einem Reihenabstand von etwa 70 cm drückt man die Knollen flach in den Boden, mit den Keimen nach oben. Anschließend werden sie mit einer etwa 10 cm dicken Erdschicht bedeckt.

356 Wann ist der günstigste Zeitpunkt für die Aussaat von Gurken? Was gibt es bei der Kultur dieses Gemüses zu beachten?

Gurken *(Cucumissativus)* zählen zu den sehr witterungsempfindlichen Gemüsearten. Man sollte sie deshalb erst ab Mitte Mai ins Freiland säen. Humushaltige, sandige Lehmböden eignen sich dazu am besten. Auf jeden Fall ist Staunässe zu vermeiden. Jeweils zwei bis drei Samen kommen in den Boden. Nachdem die Samen aufgegangen sind, muß vereinzelt werden. Wenn die Gurken gut eingewurzelt sind, müssen sie regelmäßig gedüngt und gegossen werden. Dabei darauf achten, daß die Blätter nicht benetzt werden.

357 Soll man Tomatenpflanzen lieber kaufen oder sie sich aus Samen selbst heranziehen?

Gekaufte Tomatenpflanzen *(Lycopersicon lycopersicum)* sind nicht besser oder schlechter als selbst gezogene, aber kosten Geld. Die Anzucht aus Samen ist billiger und recht einfach. Mitte März legt man die Samen in Torfquelltöpfe, die bei einer Temperatur von etwa 20 Grad Celsius aufgestellt werden. Ab Ende Mai können Tomaten ins Freiland. Sie müssen tief gepflanzt werden. Im Abstand von etwa 50 cm werden die Pflanzen an Stäben angebunden. Zu den Pflegemaßnahmen gehört das regelmäßige Ausbrechen der Geiztriebe aus den Achseln der Blätter.

Foto: Tomaten aus dem eigenen Garten schmecken unvergleichlich besser als gekaufte. Wichtig – die Pflanzen müssen regelmäßig entgeizt werden und brauchen reichlich Wärme, Wasser und Nährstoffe.

358 Wann ist der günstigste Zeitpunkt für die Aussaat von Möhren? Was gibt es dabei zu beachten?

Die Aussaat von Möhren *(Daucus carota)* ist nicht schwierig. Frühe und mittelfrühe Möhrensorten sollten im März ausgesät werden. Da der Möhrensamen außerordentlich fein ist, vermischt man ihn mit Sand und erreicht so die richtige Saatstärke. Gesät wird in Reihenabständen von etwa 20 cm. Die Tiefe sollte etwa 0,5 bis 1 cm betragen. Anschließend die Reihen leicht andrücken.

359 Warme Frühbeete müssen gepackt werden. Was ist darunter zu verstehen? Wann ist dafür der geeignete Zeitpunkt?

Etwa Mitte Februar werden die warmen Frühbeete gepackt. Das heißt, daß auf den frostfreien Boden des Frühbeetkastens eine Schicht möglichst trockenen Laubes aufgebracht wird. Darauf kommt nun stallfrischer Pferdedung in lockeren Schichten bis kurz unter den Rand des Frühbeetes. Nun werden Fenster und Strohdecken auf das Frühbeet gelegt. Nachdem sich die Düngerschicht erwärmt hat, wird das Beet durch Ausbringen von Laub- und Erdlagen aufgefüllt. Den Abschluß bildet eine Kompostschicht, in die gepflanzt oder gesät wird.

360 Was ist bei der Aussaat von Zwiebeln zu beachten? Wann sollte die Aussaat erfolgen?

Je früher Zwiebeln *(Allium cepa)* ausgesät werden, desto besser. Ist das Wetter einigermaßen gut, kann bereits Ende Februar gesät werden, da Zwiebeln schon bei einer Bodentemperatur von 2 bis 3 Grad Celsius keimen. Der Boden sollte sehr feinkrümelig sein. Zwiebeln sät man höchstens 1 cm tief. Die Reihenabstände sollten etwa 20 cm betragen.

361 Welche Ansprüche stellen Erbsen an den Boden? Wann sollte man diese Hülsenfrüchte aussäen?

Erbsen *(Pisum sativum)* stellen keine hohen Ansprüche an den Boden, vorausgesetzt, er ist ordentlich bearbeitet und einigermaßen humusreich. Für Frühaussaaten im März eignen sich besonders leichtere Böden, die sich rascher erwärmen. Erbsen sät man in Reihen, etwa 5 cm tief. Leicht andrücken.

TIP

Mist ist gut – aber er kann leicht zu Verbrennungen führen, wenn er zu frisch ist. Darum sollte man ihn besser mitkompostieren oder als Jauche ansetzen.

362 Was muß beim Säen von Kohl beachtet werden? Wann kann mit der Aussaat begonnen werden?

Ab Ende März können alle Kohlarten *(Brassica)* sowie Kohlrabi ins Freiland gesät werden. Beachten muß man, daß möglichst dünn und gleichmäßig gesät wird. Der Reihenabstand sollte etwa 15 cm betragen. Die Samen werden anschließend mit einer etwa 1 cm dicken Schicht Komposterde oder Torf-Sand-Gemisch abgedeckt.

363 Welcher Boden eignet sich am besten für die Anpflanzung von Buschbohnen? Welche Standorte soll man wählen?

Am besten eignen sich für den Anbau von Buschbohnen (*Phaseolus vulgaris* var. *nanus*) kalkhaltige und humose Lehmböden. Stark sand- oder tonhaltige Böden sind nicht empfehlenswert. Buschbohnen lieben sonnige Plätze, aber auch Halbschatten wird toleriert. Bei günstiger Witterung kann Anfang Mai ausgesät werden. Wenn man frühzeitig ernten will, bedeckt man das Aussaatbeet mit Folie, die man bis Ende Mai liegenläßt.

364 Wann soll man Chicorée säen? Welche Ansprüche stellt diese Pflanze an den Boden?

Am besten gedeiht der Chicorée (*Cichorium intybus* var. *foliosum*) auf mittleren Böden, die humusreich sind. Darauf achten, daß der Boden locker ist. Ausgesät wird in der zweiten Maihälfte, obgleich eine Aussaat auch noch im Juni möglich ist. Die einzelnen Reihen sollten etwa 30 cm Abstand haben. Nach dem Aufgehen der Saat müssen die Pflänzchen vereinzelt werden.

365 Wie erreicht man, daß der Bleichsellerie seine helle Farbe erhält? Gibt es einen Trick?

Bleichsellerie (*Apium graveolens* var. *dulce*) kann in der ersten Septemberhälfte gebleicht werden. Dazu umhüllt man die Blattstiele des Gemüses lichtdicht – etwa mit Wellpappe, mit Blech- oder Plastikröhren. Die Umhüllung muß oben und unten völlig dicht sein, nur die Blätter bleiben frei.

366 Wann sollte man Porree anbauen? Welche Bodenansprüche stellt dieses Gemüse?

Porree *(Allium porrum)* liebt humusreichen Boden, der viele Nährstoffe enthält. Im April kann ins Freiland ausgesät werden. Bis zum Spätherbst bekommt man dann noch kräftige Stangen. Gute Düngung und reichliches Gießen sind Voraussetzung.

TIP

Endivien bleicht man, indem man die Blätter zusammenbindet und einen Blumentopf über die Pflanze stülpt. Abzugsloch abdecken!

367 Lohnt sich der Spinatanbau?

Spinat *(Spinacia oleracea)* ist ein außerordentlich wertvolles Blattgemüse, dessen Anbau sicher lohnt. Es gibt Sorten für fast jede Jahreszeit; achten Sie also darauf, die richtige Sorte zur richtigen Jahreszeit zu säen. In jedem Fall braucht Spinat sehr nahrhaften Boden; das Beet, das für den Spinat vorgesehen ist, sollte schon im Herbst vor der Aussaat ausreichend gedüngt werden. Gesät wird im zeitigen Frühjahr in Reihen mit 25 cm Abstand, Saattiefe etwa 2 cm. Der Boden muß locker sein und ständig feucht gehalten werden.

368 Kann man Majoran im Freien anbauen? Wann ist der beste Zeitpunkt dafür? Welche Ansprüche stellt dieses Küchenkraut an den Boden?

Majoran *(Majorana hortensis)* kann man sehr gut im Garten anbauen. Am besten gedeiht er auf warmen und humusreichen Böden in vollsonniger Lage. Man kann bereits Ende Februar in kleine Töpfe am Küchenfenster aussäen. Die Pflänzchen später vereinzeln. Da Majoran sehr frostempfindlich ist, sollte man mit dem Auspflanzen bis nach dem 20. Mai warten.

Foto: In den alten Bauerngärten wurde mit Erfolg Mischkultur betrieben. Heute besinnt man sich wieder der segensreichen Nachbarschaftwirkung zwischen den Pflanzen.

369 Auf welchem Boden gedeiht Boretsch am besten? Gibt es bei der Kultur dieses Gewürzkrautes irgendwelche Tricks?

Der Boretsch *(Borago officinalis)*, auch Gurkenkraut genannt, liebt leichte Böden und sonnige Standorte. Ausgesät wird ab Mitte April ins Freiland. Der Samen wird etwa 2 cm mit Erde bedeckt und gut angeklopft. Man sollte darauf achten, daß das Saatgut auch wirklich frisch ist, da die Keimkraft bereits im zweiten Jahr schon stark nachläßt.

370 Wann und wie pflanzt man Knoblauch? Welche Böden eignen sich für den Anbau?

Für den Anbau von Knoblauch *(Allium sativum)*, der vollsonnige Standorte liebt, verwendet man die sogenannten Zehen. Sie werden Mitte bis Ende März gesteckt. Reihenabstand etwa 20 bis 25 cm, Tiefe etwa 5 cm. Es hat sich gezeigt, daß aus großen Zehen auch große Knoblauchzwiebeln wachsen. Knoblauch liebt nährstoffreichen Boden, Feuchtigkeit im Frühjahr, jedoch eher trockene Böden im Herbst. Staunässe wirkt sich immer schädlich aus.

371 Wann und wie oft lichtet man Beerensträucher aus?

Ältere Stachelbeer- (*Ribes uvacrispa* var. *sativum*) und Johannisbeersträucher *(Ribes rubrum)* werden jährlich ausgelichtet. Das Auslichten erfolgt entweder im Januar oder – besser – im August. Dabei schneidet man alle Triebe heraus, die älter als drei Jahre sind.

372 Stellt Schnittlauch besondere Ansprüche an den Boden? Wann wird er ausgesät? Welche Standorte liebt er?
Schnittlauch *(Allium schoenoprasum)* wächst am besten in sandigen Lehmböden, die einen guten Humusgehalt aufweisen. Mitte März wird Schnittlauch ins kalte Frühbeet ausgesät, falls man nicht alte Pflanzen teilt. Ab Ende März kann auch direkt ins Freiland gesät werden. Dicht säen, damit schöne Büschel entstehen. Schnittlauch gedeiht an sonnigen, aber auch an halbschattigen Standorten. Schnittlauch ist eine mehrjährige Pflanze.

373 Kann man Petersilie direkt ins Freiland säen? Wann ist der richtige Zeitpunkt für die Aussaat?
Petersilie (*Petroselinum crispum* ssp. *crispum*) läßt sich bereits in der zweiten Märzhälfte ins Freiland aussäen. Petersilie keimt am besten, wenn die Erde schon etwas erwärmt und nicht zu naß ist. Der Samen darf nur ganz flach in die Erde kommen. Gesät wird in Rillen im Abstand von etwa 15 cm. Besonders gut gedeiht das beliebte Küchenkraut auf humusreichem Boden. Erst ernten, wenn die Pflänzchen kräftig genug sind.

374 Was versteht man unter ausdünnen? Wann muß es erfolgen?
Wenn ein Obstbaum zu viele Früchte angesetzt hat, muß man sie ausdünnen, das heißt entfernen, um gute und gesunde Früchte zu erzielen. Im Mai ist für diese Maßnahme der richtige Zeitpunkt. Dann sind die Früchte an Kernobstbäumen etwa haselnußgroß. Am besten läßt man je Fruchtbüschel nur eine Frucht am Baum. Auch Pfirsiche und Aprikosen sollte man ausdünnen, wenn die Früchte etwa walnußgroß sind.

375 Was ist bei der Pflanzung von Erdbeeren zu beachten? Welche Böden bevorzugen sie?
Erdbeeren *(Fragaria)* gedeihen vor allem auf sandigen Böden oder lehmigen Sandböden besonders gut, wenn sie nicht zu trocken sind. Bei der Neuanlage von Erdbeerbeeten ist auf gründliche Lockerung der Erde zu achten. An sonnigen Standorten gedeihen Erdbeeren am besten, aber Halbschatten eignet sich auch. Im August kommen die Pflanzen in die mit Kompost angereicherten Beete. Darauf achten, daß das Herz der Jungpflanze dicht über dem Boden steht. Empfehlenswert ist eine Bodendeckung nach dem Pflanzen. Dazu eignen sich gut verrotteter Stalldung oder auch zerkleinertes Stroh.

TIP
Obstbäume schützt man durch einen Leimring vor dem besonders gefährlichen Frostspanner.

376 Weshalb sieht man in manchen Gärten Obstbäume, deren Stämme weiß gestrichen sind? Wozu dient die Farbe?

Im Rahmen der Baumpflege werden die Stämme von Obstbäumen, nachdem zuvor die Rinde von dort verborgenen Schadinsekten befreit wurde, mit Kalk angestrichen. Die weiße Farbe schützt vor gefährlichem Sonnenbrand und vor Frostrissen. Diese Maßnahme ergreift der Hobbygärtner im Dezember.

377 Wie wird ein Obstbaum sachgerecht gepflanzt? Wann ist dafür der geeignete Zeitpunkt?

Obstbäume sollte man im März oder im Oktober pflanzen. Erst wird ein Loch ausgehoben, das so groß ist, daß die Wurzeln des Baumes gut darin Platz finden. Danach wird der Pfahl zum Anbinden eingeschlagen. Nun kommt der Baum in die Grube. Die Erde wird so aufgefüllt, daß im Wurzelbereich keine Hohlräume entstehen. Dann Erdreich etwas antreten. Abschließend wird eine Baumscheibe angelegt und der Baum an den Pfahl gebunden. Die Baumscheibe hält Schädlinge vom Baum fern.

378 Wann soll man Apfel- und Birnbäume auslichten?

Der beste Monat für das Auslichten ist der Januar. Allerdings darf kein starker Frost herrschen. Ausgelichtet wird dann, wenn die Baumkronen zu dicht werden. Entfernt werden alle nach innen wachsenden, kranken, beschädigten oder sich behindernden Äste. Alle Äste werden bis zur Ursprungsstelle entfernt, wobei keine Stummel stehen bleiben dürfen.

379 Nach reichlicher Blüte und gutem Fruchtansatz fallen stets die unreifen schwarzen Johannisbeeren ab. Was kann die Ursache sein?

Der Abwurf der unreifen Beeren dürfte auf mangelnde Befruchtung der Blüten zurückzuführen sein. Diese Beerenart ist zwar im Prinzip selbstfruchtend, dennoch ist das Ausbleiben bzw. unvollständige Fruchten eigentlich die Regel. Sie sollten im Herbst einen Strauch einer anderen Sorte schwarzer Johannisbeeren dazupflanzen. In Baumschulen berät man Sie gern über geeignete Sorten.

TIP

Gepflegte Obstbäume tragen besser. Deshalb schneidet man alle steil nach oben, nach unten oder nach innen wachsende Zweige im Spätwinter weg.

380 Was versteht man unter Veredelung?

Unter Veredelung versteht man eine Vermehrungsmethode, bei der schlecht tragende Obstbäume umveredelt (umgepfropft) werden. Dabei wird der einjährige, knospige Trieb einer guten Sorte, das sogenannte Edelreis, mit einer gleichstarken Unterlage des zu veredelnden Obstbaumes fest verbunden. Die Unterlage wird mit einem Schrägschnitt gekürzt. Danach entfernt man vom Edelreis, das unten ebenfalls schräg angeschnitten wurde, die Blätter. Die beiden Schnittflächen werden nun so aufeinandergepaßt, daß Kambium auf Kambium liegt. Danach wird die Veredelungsstelle mit Bast umwickelt und mit Wundbalsam bestrichen. Die Knospen müssen dabei freigelassen werden.

381 Brombeeren können durch sogenannte Absenker vermehrt werden. Was versteht man darunter? Wie wird das gemacht?

Die Vermehrung durch Absenker, die übrigens z. B. auch bei Haselsträuchern und Stachelbeerbüschen angewendet werden kann, ist recht einfach. Man biegt die Spitzen der einjährigen Triebe rankender Brombeeren *(Rubus fruticosus)* auf den Boden und klemmt sie in einer etwa 10 cm tiefen Erdmulde mit einer Astgabel oder einer Drahtklammer fest. Die Triebspitze bindet man an einen Stab an, der schräg in den Boden gesteckt wurde. Die Mulde wird mit Erde angefüllt. Im Herbst kann man die inzwischen bewurzelte junge Pflanze vom Mutterstrauch abtrennen und verpflanzen.

382 Kann man Johannisbeerbüsche selbst vermehren? Wenn ja, wie wird das fachgerecht gemacht?

Johannisbeerbüsche *(Ribes rubrum, R. nigrum)* lassen sich leicht durch sogenannte Steckhölzer vermehren. Von guten Sträuchern schneidet man bereits im September etwa 30 cm lange Triebstücke ab, die entblättert werden. Dann schneidet man die Hölzer oben schräg zu einer Knospe hin ab, während der untere Schnitt den in Höhe einer Knospe befindlichen Knoten durchlaufen soll. Die Steckhölzer werden gebündelt, etikettiert und im kühlen Keller in einer mit feuchtem Sand gefüllten Kiste eingeschlagen. Im Frühjahr werden die Hölzer dann im Abstand von 30 cm ins Beet gesteckt. Dabei darf nur die oberste Knospe sichtbar sein. Im Herbst können die neuen Sträucher verpflanzt werden.

Foto: Der Pfirsich (Prunus persica) wächst in mildem Klima und an einem windgeschützten Ort in jedem Garten.

383 Kann man Erdbeeren aus Samen vermehren? Welche Vermehrungsmöglichkeiten gibt es außerdem?

Erdbeeren *(Fragaria)* werden durch Ausläufer vermehrt. Nur Monatserdbeeren, die keine Ranken bilden, werden durch Samen vermehrt. Die Ausläufervermehrung funktioniert so: Man stellt neben die Mutterpflanzen mit Erde gefüllte Töpfe und läßt die Ausläufer darin festwurzeln. Dann werden die jungen Pflänzchen von der Mutterpflanze getrennt und in ein mit Humus angereichertes Beet gepflanzt. Die Aussaat von Monatserdbeeren erfolgt im März/April in kleine Schalen, die man auf das Fensterbrett stellt. Nach dem Keimen wird pikiert. Im Mai kann man die jungen Pflanzen ins Freie versetzen.

TIP

Kinder lieben es, Monatserdbeeren zu ernten. Pflanzen Sie ihnen welche ins Kinderbeet.

384 Kann man Rhabarber durch Teilung vermehren? Was ist dabei zu beachten?

Rhabarber *(Rheum rhabarbarum)* läßt sich nur durch Teilung der alten Stöcke vermehren, und das macht man am besten im Herbst. Man muß darauf achten, daß jedes Teilstück wenigstens eine Triebknopse besitzt. Die Teilstücke werden in gut mit Kompost und etwas Torf vorbereitete Pflanzlöcher gesetzt. Wichtig: Die Triebknospe sollte etwa 5 cm mit Erde bedeckt sein.

385 Basilikum gehört in jeden Kräutergarten. Wie wird dieses Gewürzkraut vermehrt?

Basilikum *(Ocimum basilicum)* ist eine einjährige Pflanze. Man sät entweder ins Kleingewächshaus oder in einen warmen Kasten. Erst nach den Eisheiligen werden die vereinzelten Jungpflanzen an einem vollsonnigen und windgeschützten Ort in lockeren und humusreichen Boden gepflanzt.

386 Muß man Schnittlauch aussäen, oder gibt es auch die Möglichkeit des Teilens?

Normalerweise wird Schnittlauch *(Allium schoenoprasum)* vegetativ vermehrt, das heißt durch Teilen der Pflanze im Frühjahr. Aber man kann auch durch Aussaat im Frühjahr in Töpfe für Schnittlauchnachwuchs sorgen.

387 Kann man das beliebte Küchengewürz Dill selbst vermehren? Wie funktioniert das?

Dill (*Anethum graveolens* var. *hortorum*) ist eine einjährige Pflanze, die sich leicht selbst vermehren läßt. Man sät Dillsamen im April direkt an Ort und Stelle ins Freiland. Normalerweise braucht man dann für weitere Vermehrung nicht mehr zu sorgen, denn Dill sät sich leicht selbst aus und sorgt so stets für frischen Nachschub.

388 Wann wird Liebstöckel ausgesät? Oder gibt es andere Vermehrungsmethoden?
Liebstöckel *(Levisticum officinale)* kann man zwar durch Samen vermehren, aber besser ist die Teilung dieser Staude. Nach dem Verpflanzen treiben im Boden gebliebene Wurzelstöcke wieder neu aus.

389 Was ist zu beachten, wenn man Pfefferminze selbst vermehren will? Gibt es verschiedene Methoden?
Aus Samen herangezogene Pfefferminze *(Mentha x piperita)* ist nicht sehr würzig. Die bessere und recht einfache Vermehrungsart ist die durch Ausläufer, die man beim Teilen älterer Pflanzen gewinnt. Geteilt wird etwa ab Mitte April. Anschließend kommen die Neupflanzen ins Freiland. Man bringt jeweils mehrere Ausläufer zusammen in ein Pflanzloch. Bis kurz über die Erdoberfläche zurückschneiden und schwach mit Erde bedecken. Kräftig angießen.

390 Wann muß Estragon ausgesät werden? Gibt es noch andere Vermehrungsmethoden?
Estragon *(Artemisia dracunculus)* läßt sich gut durch Samen vermehren. Einfacher ist jedoch die Teilung älterer Stauden im März. Auch aus den Ausläufern kann man Jungpflanzen gewinnen, wenn man mehrere zusammennimmt. Da Estragon einige Jahre am selben Platz bleibt, darf man nicht zu eng pflanzen. Die Staude liebt volle Sonne und lehmigen Sandboden mit reichlich Humusanteil.

391 Läßt sich Thymian selbst vermehren? Gibt es dabei etwas zu beachten?
Thymian *(Thymus vulgaris)* ist eine Staude, die man zwar durch Aussaat ins Frühbeet vermehren kann, aber das ist nicht so leicht und unkompliziert wie die Vermehrung durch Teilung älterer Pflanzen im März. Man nimmt einige der niederliegenden Triebe von Altpflanzen zusammen und schneidet alle oberirdischen Teile bis auf etwa 5 cm zurück. Anschließend wird der Thymian etwas tiefer, als er zuvor gestanden hat, in Sand- oder Lehmboden gesetzt, der mit Torf angereichert ist. Die Pflanzen lieben einen vollsonnigen und windgeschützten Platz. Nach dem Pflanzen kräftig angießen.

392 Wie vermehrt man Salbei?
Salbei *(Salvia officinalis)* ist ein Halbstrauch, den man am besten durch Teilung im März oder durch Stecklinge im Frühsommer vermehrt. Die Teilpflanzen müssen vor dem Einpflanzen oberirdisch etwa um die Hälfte eingekürzt werden.

TIP
Zum Setzen von Jungpflanzen mit langen Wurzeln langes Pflanzholz benutzen.

393 Wie werden Zucchini vermehrt? Und wann ist dafür der geeignete Zeitpunkt gekommen?

Zucchini *(Curcurbita pepo)* können – wie auch Gurken oder Kürbisse – in lockeren und warmen Böden ab Ende Mai direkt ins Freiland gesät werden. Besser ist allerdings die Vorkultur ab Mitte April in Töpfen. Jeweils drei Samen kommen in ein Töpfchen. Später wird pikiert, und Ende Mai kann ins Freie ausgepflanzt werden. Der Boden sollte immer locker, feucht und unkrautfrei sein.

394 Ist es möglich, Artischokken selbst zu vermehren? Wie macht man das?

In warmen Regionen (Weinbauklima) gedeihen Artischocken *(Cynara scolymus)* durchaus. Vor der Aussaat im Januar/Februar sollte man die Samen einen Tag lang in lauwarmem Wasser einweichen. Dann gibt man drei Körner in einen Anzuchttopf, der auf das Fensterbrett oder ins heizbare Kleingewächshaus kommt. Wenn die Jungpflanzen zwei Blattpaare haben, vereinzeln. Bis zum Auspflanzen (nach den Eisheiligen) an einem geschützten Platz bei etwa 12 Grad Celsius halten.

395 Es heißt oft, daß Erdbeeren im Folienbeet keine Ausläufer treiben. Gibt es einen Trick, Erdbeeren sauber zu kultivieren und gleichzeitig für Nachwuchs zu sorgen?

Kein Problem, wenn man die kleinen Ranken, die sich an den Mutterpflanzen bilden, gleich in kleine Töpfe mit Erde setzt und mit einer Klammer arretiert. Die Töpfchen können dabei ruhig auf der Folie oder, wenn die Ranke lang genug ist, auch neben dem Beet, z. B. auf dem Plattenweg, stehen. Nach aller Erfahrung kann man die Jungpflanzen bereits drei Wochen nach dem Eintopfen abtrennen und auf ein neues Folienbeet pflanzen. Besonders gut geeignet für dieses Verfahren ist die Sorte 'Hummi Gento'.

396 Wann veredelt man Apfelbäumchen mit Reisern, wann mit Augen?

Die Augenveredlung von Obstunterlagen erfolgt meist durch Okulation im Juli/August nach Aufpflanzen der Unterlagen im Frühjahr. Die Reiserveredlung ist – außer bei Pfirsich – im März/April, aber auch im August/September möglich.

Foto: Kürbissorten wie Squash oder Patisonkürbis, auch Ufo genannt, lieben wie ihre nahen Verwandten Gurke und Zucchini warme, nahrhafte Erde.

397 An zahlreichen Gemüsejungpflanzen sind Spuren von Schneckenfraß zu erkennen. Wie bekämpft man die Plagegeister?
Bei den Schädlingen, die vornehmlich nachts aktiv werden, handelt es sich um Nacktschnecken. Man kann mit Bier gefüllte Dosen oder Gläser ebenerdig eingraben. Der Biergeruch lockt die Schnecken in die Falle. Andere Abhilfe: Tiere morgens oder bei feuchter Witterung von Hand absammeln.

398 Die Blätter und Blüten der Erbsen verkümmern. Blattunterseits erkennt man silbrige Beläge. Wodurch wird das verursacht?
Die Erbsen *(Pisum sativum)* werden von Thripsen, auch Blasenfüße genannt, geschädigt. Wirksam ist regelmäßiges Beregnen des Beetes am Tage. Bei starkem Befall spezielle Insektizide einsetzen.

399 Bei der Überprüfung der Möhren fanden sich Fraßgänge, deren Umgebung dunkel gefärbt war. Von welchem Schädling stammen sie?
Das Schadbild an den Möhren *(Daucus carota)* weist auf die Fraßtätigkeit der Larven von Möhrenfliegen hin. Die Möhren auf keinen Fall mit Stallmist düngen, denn der zieht die Möhrenfliegen an. Abhilfe schafft Möhrenanbau unter speziellen Schutznetzen, die im Fachhandel erhältlich sind. Mulchen mit Rainfarn. Möglichst keine chemischen Pflanzenschutzmittel einsetzen.

400 Die Sellerieblätter begannen zu welken. Bei der Kontrolle wurden im Beet gelbrote Larven festgestellt. Um welche Tiere handelt es sich?
Es handelt sich hier um die Larven von Drahtwürmern, die Sellerie *(Apium graveolens)*, aber auch Kartoffeln *(Solanum tuberosum)* und andere Gemüsearten schädigen. Man kann in die befallenen Beete halbierte rohe Kartoffeln eingraben. Die Larven fressen sich dort hinein und können so leicht abgesammelt werden. Es gibt auch spezielle chemische Streumittel, die aber nur im äußersten Notfall angewendet werden sollten.

401 Auf Blättern und Stengeln der Gurkenpflanzen erkennt man einen weißen, mehlartigen Belag. Die Pflanzen kümmern. Was ist die Ursache?
Die Gurken *(Cucumis sativus)* sind vom Echten Mehltau befallen, der auch Zucchini und andere Gemüse bedroht. Begünstigt wird die Verbreitung dieser Pilzkrankheit durch zu dichten Pflanzenstand. Befallene Blätter entfernen. Gründlich mit speziellen Fungiziden spritzen. Wartezeiten einhalten.

TIP

Vermeiden Sie Monokulturen im Gemüsegarten. Pflanzen Sie eine Reihe Zwiebeln, danach eine Reihe Möhren, dann wieder Zwiebeln usw. Die Möhren halten der Zwiebel die Zwiebelfliege fern, die Zwiebeln den Möhren die Möhrenfliege.

402 An den unteren Blättern der Tomaten sind zahlreiche schwarze Flecken zu sehen. Etliche Blätter vertrocknen. Woran liegt das?

Die Tomaten *(Lycopersicon lycopersicum)* wurden von der Schwarzfleckenkrankheit, einer Pilzinfektion, befallen. Die Krankheit verbreitet sich vor allem bei feuchter Witterung sehr rasch. Man sollte den Boden um die Tomatenpflanzen mulchen, um Pilzübertragungen vom Boden her zu unterbinden. Sonst helfen nur gründliche Spritzungen mit speziellen Fungiziden. Wartezeiten einhalten! Die Krankheit greift auch häufig Bohnen, Karotten, Kartoffeln und Kohlarten an.

403 Zusehends verkümmern die Weißkohlpflanzen. Die Blätter vieler Pflanzen welken rasch. Woran liegt das? Gibt es Abhilfe?

Der Kohl *(Brassica)* wurde von der äußerst gefährlichen Kohlhernie befallen. Diese Pilzkrankheit, die an den Wurzeln betroffener Pflanzen walzenförmige Knollen ausbildet, tritt besonders in sauren und nassen Böden auf. Befallene Pflanzen sofort vernichten! Auf dem betroffenen Boden darf mindestens fünf, besser sieben Jahre lang kein Kohl mehr angebaut werden!

404 Blattläuse haben sich im ganzen Garten ausgebreitet. Was läßt sich dagegen unternehmen?

Blattläuse, die in verschiedenen Größen und Farben auftreten, schädigen durch ihre Saugtätigkeit vor allem junge Blätter und Triebe. Durch ihre Honigausscheidung entsteht schwärzlicher Rußtaubelag auf den Blättern, der Ameisen anlockt, die wiederum für die Verbreitung der Läuse durch Verschleppen auf andere Pflanzen sorgen. Bei nicht allzu starkem Befall kann man mit Rainfarntee, Wermuttee oder Farnkrautjauche spritzen. Unter den wirksamen Insektiziden gibt es auch ausgesprochen nützlingsschonende Präparate, denen man den Vorzug geben sollte.

405 Auf den Blattunterseiten der Bohnen wurden punktartige rostbraune Flecken festgestellt. Worum handelt es sich?

Die Bohnen *(Phaseolus vulgaris)* sind vom Rost, einer Pilzkrankheit, befallen. Die Flecken sind die Sporenlager der Pilze. Befallene Blätter entfernen und vernichten. Vorbeugend sollte man in vierzehntägigen Abständen während der Wachstumsperiode mit speziellen Fungiziden gründlich spritzen, damit die Sporen gar nicht erst keimen können. Ist der Befall schon weit fortgeschritten, hilft gründliches Spritzen der Blattunterseiten mit entsprechenden Fungiziden. Wartezeiten einhalten!

TIP

Igel im Garten sind nützliche Insektenvertilger. Schaffen Sie ihnen unter einem Haufen aus Strauchschnitt und Blättern in einer Gartenecke ein Zuhause.

406 Ganz plötzlich fallen die Jungpflanzen des Rotkohls um, andere Pflänzchen haben dunkle Stengel. Was ist los?

Die Kohlpflanzen *(Brassica)* sind von der Schwarzbeinigkeit, einer Pilzerkrankung, befallen. Diese Krankheit tritt dann besonders leicht auf, wenn die Pflanzen zu dicht stehen, wenn sie zu wenig Luft bekommen, oder wenn die Erde bereits mit dem Pilz infiziert war. Vorbeugend hilft Aussaathygiene, ausreichende Lüftung und frühes Pikieren. Bekämpfung mit speziellen Fungiziden bei geringem Befall.

407 Das Zwiebellauch trocknet ein. An den Zwiebeln selbst wurde ein grauer, schimmelartiger Belag festgestellt. Worum handelt es sich bei dieser Krankheit?

Es handelt sich um die typischen Merkmale der Graufäule, einer Pilzkrankheit, die neben Zwiebeln *(Allium cepa)* auch Salat oder Karotten befallen kann. Die Pilze dringen vom Boden in die Pflanze ein. Befallene Zwiebeln vernichten. Auf jeden Fall Standortwechsel vornehmen.

Foto: Kaum zu glauben, aber wahr – Zwiebeln verstärken das Erdbeeraroma, wenn man sie neben Erdbeeren setzt. Außerdem soll der Zwiebelduft Pilzkrankheiten bei Erdbeeren abwehren.

408 Viele Himbeeren sind madig. Was läßt sich vorbeugend dagegen unternehmen?

Die gefräßigen Maden des Himbeerkäfers verursachen die Schäden an den Himbeeren *(Rubus fruticosus)*. Der Käfer selbst überwintert im Boden, steigt dann auf die Pflanzen und frißt an Blüten, Knospen und jungen Früchten. Die Käferlarven, also die Maden, tun sich später an den Früchten gütlich. Vorbeugend gegen den Käfer hilft strenge Kontrolle und Absammeln. Im Knospenstadium und kurz vor der Blüte sind bienenschonende Insektizide zu spritzen.

409 Die Blätter der Zwetschgen sehen weiß aus, überall sind feine Gespinste. Welcher Schädling verursacht das?

Die Zwetschgen *(Prunus domestica)* sind von der Spinnmilbe befallen. Durch ihre Saugtätigkeit schädigen diese Milben die Blätter, was zu Blattfall führt. Vorbeugend hilft Besprühen der Bäume am Tag mit Wasser. Bei starkem Befall in kurzen Abständen wiederholt mit speziellen Akariziden spritzen. Vor allem die Blattunterseiten benetzen!

410 Viele Blätter des Apfelbaums haben sich eingerollt oder wirken faltig. Wer verursacht dieses Schadbild?

Der Apfelbaum *(Malus domestica)* ist von der Apfelfaltenlaus befallen, die sich in den eingerollten Blättern und Falten verbirgt. Vorbeugend hilft stetige Kontrolle und rechtzeitiges Entfernen befallener Triebe. Bei starkem Befall sollte man gezielt in die Blattfalten ein systemisch wirkendes Insektizid spritzen.

411 Blüten, Blätter und Früchte der Erdbeeren sind mit einem grauen Pilzrasen überwachsen. Worum handelt es sich? Was läßt sich dagegen tun?

Die Erdbeeren *(Fragaria)* sind vom Grauschimmel befallen. Diese Pilzerkrankung tritt häufig bei zu engem Stand der Pflanzen, bei zu schlechter Durchlüftung des Beetes oder bei überhöhter Stickstoffdüngung auf. Befallene Pflanzen entfernen und vernichten. Für bessere Durchlüftung sorgen. Nicht zu stark gießen, damit die Pflanzen rasch wieder abtrocknen. Abhilfe schaffen außerdem Spritzungen rnit speziellen Fungiziden. Wartezeiten einhalten! Vorbeugend helfen Zwischenpflanzungen mit Lauch, Steckzwiebeln oder Knoblauch.

412 Auf den Blattoberseiten der Birnen erkennt man orangerote Flecken, blattunterseits sieht man bräunliche Stellen. Worum handelt es sich?

Die Birnbäume *(Pyrus communis)* sind vom Birnengitterrost befallen. Diese Pilze überwintern auf Wacholdergehölzen. Der Wind weht die Sporen im Frühjahr auf die Birnbäume. Man sollte vorbeugend dafür sorgen, daß in der Nähe von Birnen keine Wacholdergehölze wachsen. Ansonsten helfen Spritzungen mit speziellen Fungiziden. Bei äußerst starkem Befall betroffene Pflanzenteile entfernen und vernichten.

413 Blätter, Jungtriebe und auch Früchte des Apfelbaums sind mit kleinen Flecken und Rissen bedeckt. Was kann man dagegen unternehmen?

Die Äpfel *(Malus domestica)* sind vom Schorf, einer Pilzerkrankung, befallen. Vor allem bei feuchtem Wetter verbreiten sich die Sporen stark. Krankes Laub entfernen. Vorbeugend helfen blattstärkende Spritzungen mit Brennessel- oder Schachtelhalmbrühe. Vor Regen kann man mit speziellen Fungiziden spritzen. Wartezeiten einhalten!

414 Die Blätter der Zwetschgenbäume sind durchlöchert. Die Früchte zeigen schwarze Flecken. Wodurch werden diese Veränderungen verursacht? Gibt es wirksame Abhilfe?

Die Zwetschgen *(Prunus domestica)* sind von der Schrotschußkrankheit befallen, einer Pilzerkrankung, die auch Pfirsiche, Aprikosen oder Kirschen nicht verschont. Kranke Pflanzenteile entfernen und vernichten. Ansonsten helfen Austriebs- und Vorblütespritzungen mit speziellen Fungiziden.

TIP

Zur Abwehr bestimmer schädlicher Käfer kann man Pheromonfallen aufstellen. Sie bestehen aus klebrigen Pappstreifen, die mit Sexualduftstoffen getränkt sind.

415 Viele Äpfel zeigen Faulstellen, die sich rasch ausbreiten. Außerdem verdorren die Zweigspitzen. Woher kommt das?

Die Äpfel *(Malus domestica)* sind von der gefährlichen Monilia Schwarzfäule, einer Pilzerkrankung, befallen. Betroffen sind auch häufig Birnen, Zwetschgen, Kirschen, Pfirsiche, Aprikosen und Quitten. Die Sporen überwintern in liegengebliebenen Früchten. Darum im Herbst stets alle Früchte ernten. Dürre Zweige ausschneiden und verbrennen. Bei sehr starkem Befall Spritzungen mit speziellen Fungiziden. Das Pflanzenschutzmittel muß in die Blüte gespritzt werden, da dort die Infektion erfolgt. Wartezeiten einhalten!

416 Der Austrieb des Pfirsichbaums ist blasig und rötverfärbt. Welcher Erreger verursacht diese Erscheinung? Was läßt sich rasch dagegen unternehmen?

Der Pfirsichbaum *(Prunus persica)* ist von der Pfirsichkräuselkrankheit befallen. Der Erreger, ein Pilz, überwintert in den Knospenschuppen. Bei feuchter Witterung befällt er die geöffneten Knospen im Frühjahr. Es gibt weniger anfällige Sorten. Vorbeugend wirken Spritzungen mit Schachtelhalmbrühe sowie gute Baumpflege. Bei Befall helfen gründliche Spritzungen mit einem speziellen Fungizid vor dem Schwellen der Knospen (Ende Februar), eventuell auch nach dem Blattabwurf im Herbst.

417 An den Blättern des Weißkohls erkennt man Löcher als Folge von Fraßspuren. Wer verursacht sie?

Die Fraßspuren am Kohl *(Brassica)* stammen von den Larven des Kohlweißlings, einem der bekanntesten Schmetterlinge. Vorbeugend hilft stetige Kontrolle. Bei starkem Befall sollte man mit speziellen Insektiziden spritzen. Wartezeiten einhalten! Vorbeugend hilft das Spritzen mit starkriechenden Pflanzenbrühen (z. B. Rainfarn oder Wermuttee).

418 Von den Tomaten stieben bei der geringsten Berührung Schwärme kleiner Insekten hoch. Die Blätter der Pflanzen sind vergilbt und mit Rußtau bedeckt. Was ist los? Wie sorgt man für Abhilfe?

Die Tomaten *(Lycopersicon lycopersicum)* sind von der Weißen Fliege befallen. Für Abhilfe sorgt das in kurzen Abständen wiederholte Spritzen mit speziellen Insektiziden. Wartezeiten einhalten!

TIP

Um flugunfähige Schadinsekten am Hochklettern in die Obstbäume zu hindern, legt man den Stämmen Manschetten aus Wellpappe um.

419 Auf den Kartoffelpflanzen zeigen sich Kartoffelkäfer. Wie wehrt man sich am besten gegen diese gefräßigen Schädlinge?
Beim Auftreten der ersten Käfer hilft sofortiges Absammeln von den Kartoffelpflanzen *(Solanum tuberosum)*. Auch nach Larven suchen! Bei stärkerem Befall gründlich mit speziellen Insektiziden spritzen. Vor allem auch die Blattunterseiten benetzen. Wartezeiten einhalten!

420 Erst kam die Petersilie wunderschön. Doch nun wird sie mickrig, die Blätter verfärben sich rötlich. Was ist der Grund?
Die rötliche Verfärbung der Petersilie *(Petroselinum)* ist typisch für den Befall mit Wurzelälchen. Stark befallene Pflanzen sollte man entfernen und vernichten. Eine wirkungsvolle Vorbeugungsmaßnahme ist die Zwischenpflanzung mit Studentenblumen. Fruchtwechsel durchführen!

421 Wie kann man Schädlingen und Krankheiten im Nutzgarten vorbeugen?
Eine Hauptrolle für die Gesundheit der Pflanzen spielt die Bodenbeschaffenheit. Auf schweren, verdichteten Böden wachsen alle Pflanzen schlecht und werden schließlich anfällig für Schädlinge und Krankheiten. Besonders ungünstig sind solche Böden für Wurzelgemüse. Außerdem führen verdichtete, schlecht durchlüftete Böden zum Befall mit Bodenpilzen. Eingearbeiteter Sand (aber kein Bausand!) oder eine im Herbst ausgebrachte Gründüngung sind hier die beste Vorbeugung. Neben der Bodenbeschaffenheit kann der Nährstoffgehalt im Boden Schädlinge und Krankheiten begünstigen. Ein Zuviel an Nährstoffen macht das Pflanzengewebe schwammig und anfällig. Auch hier hilft Sand, um den Boden zu vermagern.

422 Wie verhindere ich, daß Kohlfliegen Eier ablegen?
Man legt der Kohlpflanze gleich beim Einpflanzen eine etwa 20 Zentimeter hohe Manschette aus Schaumgummi um. Das hindert die jungen Fliegen am Ablegen der Eier an der Stengelbasis.

423 Sind Netze und Vliese als Schädlingsabwehr im Gemüsebeet sinnvoll?
Im Handel sind sogenannte Gemüsefliegen-Netze erhältlich, die Gemüsefliegen, Kohlweißlinge und andere Schädlinge von den keimenden Saaten oder Jungpflanzen fernhalten. Sie werden fest über das frisch angesäte Beet gespannt und verhindern auch, daß Vögel die Samen aus dem Boden picken. Die Vliese und Netze sind so durchlässig, daß man sie beim Gießen nicht abnehmen muß, sondern erst entfernt, wenn die Pflanzen kräftig und groß sind.

Foto: Gestaltungsidee für ein quadratisches Kräuterbeet – Rahmen und Diagonale bestehen aus niedrigem Buchs, die dreieckigen Flächen sind jeweils mit einem anderen Küchenkraut bepflanzt.

TIP
Rhabarber kann man im Freiland, bedeckt mit einem umgestülpten Topf als Frostschutz, oder ab Anfang Januar im nicht zu kalten Keller in einer mit Erde gefüllten Kiste vortreiben.

424 Woran erkennt man, wann die richtige Erntezeit für Äpfel gekommen ist? Gibt es Anhaltspunkte?
Die Erntezeit ist für die verschiedenen Sorten unterschiedlich. Die meisten Äpfel *(Malus domestica)* werden im September vom Baum geholt. An der Färbung der Früchte kann man erkennen, ob sie richtig reif sind. Ein weiteres Indiz für die Reife ist, wenn sich der Stiel leicht vom Fruchtfleisch lösen läßt. Geerntet wird in Kunststoffeimer oder in Körbe. Darauf achten, daß die Früchte nicht gedrückt werden.

425 Die Zwetschgenbäume hängen im September voller Früchte. Können sie jetzt abgeerntet, das heißt vom Baum geschüttelt werden?
Der richtige Erntezeitpunkt für Zwetschgen *(Prunus domestica)* ist dann gekommen, wenn gesunde Früchte vom Baum fallen. Außerdem erkennt man die Reife an der Färbung der Früchte. Es beeinträchtigt die Qualität etwas, wenn die Zwetschgen geschüttelt und nicht gepflückt werden.

426 Angeblich soll man Birnen nicht bis zu ihrer völligen Reife am Baum lassen. Weshalb nicht?
Wenn man Birnen *(Pyrus communis)* nicht bis zur vollen Reife am Baum läßt, sondern sie etwas davor abpflückt, ist ihr Aroma besser. Man muß die Birnen dann im Haus etwas nachlagern, bis sie eßreif sind.

427 Aus der Überfülle von Äpfeln und Birnen soll Most gewonnen werden. Wann sollte man für diesen Zweck die Früchte ernten?
Einen Zeitpunkt dafür kann man auf den Tag genau nicht angeben. Auf jeden Fall sollte das Mostobst voll ausgereift sein. Das dürfte in der Regel Anfang Oktober sein. Leichte Bodenfröste schaden den Früchten am Baum nicht.

428 Soll man Brombeeren ernten, wenn die Früchte noch hart sind, oder wartet man dann lieber noch etwas?
Im August sind die ersten Brombeeren *(Rubus fruticosus)* reif. Man erntet am frühen Morgen, dann sind die Früchte leichter frisch zu halten. Härtere Beeren eignen sich besser für das Verzehren in rohem Zustand, während überreife und schon weiche Früchte schnell weiterverarbeitet (Kompott, Marmelade) werden sollten.

429 Wann erntet man Haselnüsse?
Haselnüsse *(Corylus avellana)* werden normalerweise Ende September oder Anfang Oktober geerntet. Man erkennt den richtigen Reifegrad daran, daß sich die Kerne leicht aus den Schalen lösen lassen.

430 Woran erkennt man, wann Quitten erntereif sind? Reicht es, wenn ihre Färbung »quittengelb« ist?
Den richtigen Erntezeitpunkt erkennt man nicht nur an der Färbung der Quitten *(Cydonia oblonga)*, die ja dank ihrer Blütenpracht auch einen hohen Zierwert haben, sondern vor allem daran, daß die Früchte von selbst vom Baum fallen. Das ist in der Regel ab Mitte Oktober der Fall. Fallobst läßt sich verwerten, wenn man es nicht lange aufbewahrt. Sonst besteht Fäulnisgefahr!

431 Soll man im Juni auch Erdbeeren mit hellen Stellen abernten, oder läßt man sie lieber bis zur Vollreife am Strauch?
Erdbeeren *(Fragaria)* mit kleineren hellen Stellen kann man ruhig abpflücken. Nur Früchte mit größeren grünen Flecken läßt man noch hängen, damit sich das volle Aroma bilden kann. Bei der Ernte sollte man beachten, daß auf keinen Fall faule oder beschädigte Früchte am Strauch hängenbleiben, weil sie sonst leicht andere Beeren anstecken könnten.

432 Welche Räume eignen sich am besten für die Lagerung des Winterobstes? Müssen bestimmte Voraussetzungen erfüllt sein?
Alle Räume, die kühl, frostfrei und gut zu belüften sind, eignen sich für die Lagerung von Winterobst. Meist sind das Kellerräume, durch die natürlich keine Heizungsrohre gehen dürfen. Am günstigsten sind Räume mit einer Temperatur von etwa 1 bis 6 Grad Celsius. Höhere Wärmegrade beschleunigen die Reife zu stark. Auf keinen Fall Winterobst zusammen mit Kartoffeln oder Gemüse lagern, da Obst die anderen Gerüche sehr leicht annimmt.

433 Wie lagert man Wal- und Haselnüsse richtig ein? Kann man sie gemeinsam lagern?
Ja. Walnüsse *(Juglans regia)* müssen vollreif sein, wenn sie gelagert werden sollen. Zunächst sollte man sie in einem luftigen Raum trocknen – etwa auf einem Kuchenblech oder einem Sieb, dabei öfter durchschütteln, damit sie gleichmäßig trocknen. Später kann man sie in luftdurchlässige Säcke füllen und trocken aufbewahren. Haselnüsse *(Corylus avellana)* halten länger, wenn man sie kalt, aber frostfrei in leicht feuchten Sand schichtet.

TIP
Um Kohl gut über den Winter zu bringen, wickelt man die Köpfe in Zeitungspapier und gräbt sie kopfüber etwa 10 Zentimeter tief ins Beet ein. Der Strunk kann ruhig aus dem Boden ragen.

434 Wie soll man das Winterobst lagern, wenn kein geeigneter Kellerraum zur Verfügung steht?

Wer keinen frostfreien Kellerraum besitzt, kann das Obst auch in völlig trockenen, groben Torf in Kisten schichten. Die Früchte dürfen sich nicht berühren. Jede Obstschicht muß durch eine 3 cm dicke Torfschicht von der anderen getrennt sein. Zwischen Kistenwänden, also auch Dekkel und Boden, müssen etwa 5 cm Torf sein. In dieser Verpackung kann man das Obst auch in Räumen lagern, in denen die Temperatur manchmal unter Null absinkt.

435 Wann wird das für die Lagerung gedachte Wintergemüse am besten geerntet?

Wenn man das Wintergemüse möglichst spät erntet, erhöht sich erfahrungsgemäß dessen Lagerfähigkeit. Normalerweise wird man etwa Knollensellerie, Möhren, verschiedene Kohlarten oder Winterrettiche zwischen Ende Oktober und Mitte November ernten. Günstig für die Ernte ist ein trockener Tag. Das geerntete Gemüse nicht lange starker Sonne aussetzen.

436 Wie bewahrt man Kohl am besten auf? Wie lange läßt er sich überhaupt lagern?

Die verschiedenen Kohlarten *(Brassica)* kann man in einem Beet im Freien einlagern. Dazu hebt man einen etwa spatentiefen Graben aus, in den die Kohlköpfe mit dem Kopf nach unten gelegt und mit Erde bedeckt werden. Bei sehr starkem Frost kann man diesen Graben noch mit Stroh abdecken. So hält sich der Kohl viele Wochen. Eine andere Möglichkeit besteht darin, den Kohl (Weiß- oder Rotkohl) aus der Erde zu nehmen und ihn mit dem Kopf nach unten im feuchten Keller aufzuhängen.

437 Wie wird eine Miete für Gemüse angelegt? Hält sich das Gemüse auch bei starkem Frost?

Wintergemüse – vom Laub befreites Wurzelgemüse und Kohl ohne Strünke – hält sich auch bei starkem Frost in richtig angelegten Mieten. Das macht man so: Man hebt eine etwa 40 cm tiefe und 80 cm breite Grube beliebiger Länge aus. Eine Schicht Sand auf dem Boden bewahrt das Lagergut vor Verschmutzung. Das Gemüse einschichten. Zur Durchlüftung wird ein Dränrohr eingesetzt, das bei starkem Frost mit Stroh oder Papier verstopft werden muß. Dann wird die Miete mit etwa 20 cm Erde abgedeckt. Eventuell kommt noch eine Strohschicht darüber, die mit einer weiteren Erdschicht bedeckt wird.

Foto: Gärten, in denen nach alter Bauerngartensitte Gemüse und Blumen in holder Eintracht zusammenstehen, findet man immer häufiger.

438 Wie lassen sich Porreestangen so lagern, daß sie nicht erfrieren?
Porree *(Allium porrum)*, aber auch Endivien *(Cichorium endivia)*, kann man im Frühbeetkasten überwintern. Dazu muß man die Erde im Frühbeet etwa spatentief ausheben. Dann kommen der Porree und die Endivien in eine Erdschicht. Abgedeckt wird das Frühbeet mit Fenstern, auf die Strohdecken gelegt werden. Nicht vergessen: Bei milder Witterung gelegentlich lüften.

439 Wie muß man Küchenkräuter behandeln, damit sie lange haltbar bleiben, ohne ihre Würzkraft zu verlieren?
Kräuter wie beispielsweise Majoran, Thymian, Salbei oder Basilikum schneidet man, wenn sie erntereif sind. Dann werden sie gebündelt und zum Trocknen luftig aufgehängt. Wenn die Blätter richtig abgetrocknet sind, streift man sie ab und bewahrt sie in dichtschließenden Gefäßen auf, damit die Würzkraft nicht verlorengeht.

440 Wie muß Kümmel behandelt werden, wenn man ihn lange aufbewahren will?
Wie bei allen Gewürzen, die gelagert werden sollen, ist es wichtig, daß der Kümmel *(Carum carvi)* gleich nach der Ernte – am besten frühmorgens – sachgerecht getrocknet wird. Dazu legt man die abgeschnittenen Fruchtstände auf Tüchern oder engmaschigen Sieben in einem trockenen Raum aus. Öfter wenden, um Schimmelbildung zu verhindern. Später kann man die Körner abstreifen und in luftdichte Gefäße füllen.

441 Läßt sich Wurzelpetersilie für den Winter einlagern? Wie macht man das?
Die Wurzelpetersilie *(Petroselinum crispum ssp. tuberosum)* nimmt man im Oktober aus dem Boden, ehe starker Frost einsetzt. Dann dreht man das Kraut ab (nicht abschneiden). Die Wurzeln kann man in Mieten lagern.

442 Gibt es einen Trick, um auch im Winter stets frische Schnittpetersilie zur Verfügung zu haben?
Es gibt zwei Möglichkeiten, um auch im Winter frische Schnittpetersilie *(Petroselinum crispum ssp. crispum)* verwenden zu können. Zum einen kann man das Gewürzkraut gleich nach der Ernte fein hacken und dann in familiengerechten Portionen im Tiefkühlfach einfrieren. Eine weitere Möglichkeit besteht darin, die

TIP
Vor unliebsamen Erntehelfern aus der Luft schützt man seine Obstbäume wirkungsvoll mit dünnen Netzen.

gehackte Petersilie in einen Eiswürfelbehälter zu geben und die Kästchen mit Wasser aufzufüllen. Dann läßt man das Kraut im Eisschrank zu Würfeln frieren, die man bei Bedarf einzeln herauslöst. Diese Methode eignet sich auch zum Aufbewahren von gehacktem Schnittlauch.

443 Was läßt sich mit den eßbaren Früchten der Kapuzinerkresse anfangen, wenn man nach der Ernte nicht gleich alle verbrauchen kann?

Nach der Ernte (spätestens Anfang Oktober) der Kapuzinerkresse *(Tropaeolum majus)* sollte man die Früchte, die man nicht gleich verwerten kann, in Essig einlegen. So bleiben sie haltbar, schmecken ähnlich wie Kapern und sind eine feine Würze und Zutat für Kartoffelsalate oder Heringsgerichte.

444 Wie werden Speisezwiebeln gelagert? Halten sie sich überhaupt über längere Zeit?

Speisezwiebeln *(Allium cepa)* halten sich, wenn man sie gut getrocknet auf eine Schicht aus Stroh oder trokkenem Torf flach ausbreitet. Ist der Aufbewahrungsort nicht ganz frostfrei, sollte man die Zwiebeln mit einer Schicht Stroh bedecken.

445 Wann muß Knoblauch geerntet werden? Und wie bewahrt man ihn richtig auf?

Knoblauch *(Allium sativum)* wird erst dann geerntet, wenn das oberirdische Kraut völlig abgestorben ist. Das ist in der Regel im August der Fall. Danach werden die Knoblauchzwiebeln zum Trocknen an einem luftigen Ort ausgelegt. Die geputzten und unbeschädigten Zwiebeln bewahrt man an einem trockenen und luftigen Platz auf.

446 Was läßt sich mit einer Unmenge feiner grüner Bohnen anfangen, die man geschenkt bekommen hat, aber unmöglich auf einmal verzehren kann?

Kein Problem! Man braucht die Bohnen *(Phaseolus vulgaris)* nur zu waschen und zu blanchieren, also kurz zu überbrühen. Nach dem Abkühlen kann man das Feingemüse in Portionen aufteilen und bis zum Verzehr in der Tiefkühltruhe aufbewahren.

TIP

Chicoréewurzeln im Winter in ein hohes Gefäß (Eimer, Kiste) mit feuchtem Sand geben. Gut abdecken. Nach etwa fünf Wochen haben die Blattknospen getrieben und es kann geerntet werden.

447 Welche Obstgehölze eignen sich für die Anpflanzung in kleineren Nutzgärten am besten?

Es hat sich gezeigt, daß in Gärten bis zu einer Größe von etwa 400 m^2 die Anpflanzung von Sauerkirsch- *(Prunus cerasus)* und Pfirsichgehölzen *(Prunus persica)* in Buschform günstiger ist. Bei Kernobst sind Büsche bereits zu starkwüchsig. In diesem Fall sind die platzsparenden Spindelformen zu empfehlen. Außerdem gibt es mittlerweile von vielen Obstarten kleinwüchsige Sorten.

448 Wie groß sollten die Beete in einem Nutzgarten sein? Gibt es bestimmte Abmessungen?

Es ist ratsam, alle Gemüsebeete im Nutzgarten einheitlich anzulegen. In der Regel ist ein Beet 120 cm breit. Daneben verläuft ein 30 cm breiter, nur festgetretener Weg. So läßt sich das Beet beim Säen, Pflanzen und Gießen ohne Mühe von beiden Seiten erreichen.

449 Wie läßt sich ein Garten mit nur geringer Nutzfläche so anlegen, daß optimale Erträge erzielt werden?

In vielen Fällen stehen den Hobbygärtnern nur relativ kleine Flächen zur Verfügung. Deshalb ist eine kluge Planung wichtig, um größtmögliche Nutzung der Anbaufläche zu erzielen. Man sollte nach Möglichkeit die Beete mit einer Vor-, einer Haupt- und einer Nachfrucht bestellen. Das kann so aussehen: Ende März kommt Frühsalat als Vorfrucht auf das Beet. Ihm folgen Mitte Mai als Hauptfrucht Tomaten, denen wiederum als Nachfrucht im September Feldsalat folgt.

450 Was gilt es zu beachten, wenn man einen relativ kleinen Obst- und Gemüsegarten hübsch gestalten will?

Auf jeden Fall sollte man vor der endgültigen Gartenanlage einen genauen Plan zeichnen, auf dem eingetragen wird, was wo seinen Platz finden soll. Das gilt ebenso für die Beete wie für die Anlage von Komposthaufen, Flächen für Erdmieten oder den möglichen Standort eines Gewächshauses. Solche Gestaltungspläne kann man bereits in den Wintermonaten auf Millimeterpapier maßstabgetreu ausarbeiten. Wie wär's denn mit der Anlage eines Nutzgartens in Art der Bauerngärten? Dabei lassen sich die Beete mit Buchs- oder Kräutereinfassungen unterteilen. In die verschiedenen Beetsegmente kann man dann farblich aufeinander abgestimmte Gemüse und Kräuter pflanzen. Auch Sommerblumen dürfen in solch einem Garten nicht fehlen; Löwenmäulchen beispielsweise passen hervorragend in den Bauerngarten und blühen in den schönsten Farben. Zur Auflockerung dienen Kübel mit kleinen Obstbäumchen oder mit Erdbeeren bepflanzte Fässer.

Foto: Kirschen blühen im Frühling und zählen zu den Obstarten, die früh im Jahr tragen.

451 Rund ums Haus steht Platz zur Verfügung. An welcher Stelle empfiehlt sich die Anlage des Nutzgartens?

Nutzgärten sind naturgemäß nicht ganz so dekorativ wie Ziergärten. Bei der Gestaltung und Gartenanlage wählt man also für den Nutzgarten lieber einen Platz, der nicht direkt im Mittelpunkt des Geschehens liegt. An einer sonnigen Hauswand, die besonders für wärmeliebende Pflanzen wie Tomaten, Gurken und Zucchini geeignet ist, wäre ein idealer Platz zur Anlage des Nutzgartens.

452 Der Garten hinter dem Haus ist sehr klein. Für größere Gemüsekulturen oder Obstbäume ist kein Platz. Wie läßt sich das Fleckchen Erde dennoch so gestalten, daß der Raum optimal genutzt wird?

Mit gründlicher Vorbereitung und guter Planung läßt sich auch enger Raum gärtnerisch nutzen. Und wenn für Obstbäume kein Platz ist, reicht es vielleicht für Obststräucher, die man eventuell am Haus entlang pflanzen kann. Beete lassen sich platzsparend mit nützlichen Küchenkräutern einfassen, etwa mit Thymian, der nur 25 cm hoch wird, oder mit Monatserdbeeren. Auch die Anlage und Bepflanzung einer Kräuterschnecke spart Platz und sieht hübsch aus.

453 Wie groß muß die Fläche eines Nutzgartens mindestens sein, wenn mit den Erträgen der Anbaufläche eine Familie versorgt werden soll? Gibt es dafür bestimmte Anhaltspunkte?

Die gibt es. Man rechnet mit ca. 70 qm pro Kopf. Bei der Gestaltung sollte man berücksichtigen, daß notwendige, aber wenig ansehnliche Dinge wie Komposthaufen, Geräteschuppen, Frühbeetkästen oder Gewächshäuser etwas in den Hintergrund treten. Man kann Sichtblenden aus Spalierobst oder Beerensträuchern einplanen, denn Nutzgärten müssen keineswegs häßlich sein.

454 Vor dem Haus befindet sich ein hübscher Vorgarten, während hinter dem Haus nur ein winziger Hof liegt. Wie läßt sich diese Fläche nützlich, aber hübsch gestalten?

Auch kleine Flächen können so angelegt werden, daß ihr Anblick das Auge erfreut. Bei sonniger Lage läßt sich zum Beispiel eine Mauer in einem Innenhof mit Wein, Kiwis oder Spalierobst bepflanzen. Kleine Obstbäumchen kann man auch in Kübeln kultivieren und geschickt im Hof verteilen. Oder man säumt die Ränder des Hofs mit Beerensträuchern. Auch ein duftendes Kräuterbeet wertet jeden »Hofgarten« auf.

TIP

Rückenschonend sind sogenannte Hochbeete. Sie können 50 bis 90 Zentimeter über den Boden ragen und werden aus Rundhölzern, Bohlen und Ziegelsteinen gebaut.

455 **Welche Möglichkeiten gibt es, mit Nutzpflanzen einen Sichtschutz zu errichten?**

Da gibt es einige Pflanzen, die für diesen Zweck geradezu prädestiniert sind. Denken Sie nur an Stangenbohnen! Besonders attraktiv sind Feuer- und Prunkbohnen, die außerdem rasch wachsen. Eine andere Möglichkeit ist Zuckermais. In drei Reihen auf Lücke gesät, entwickelt er sich schnell zu einer fast undurchdringlichen grünen Wand. Bei rankenden oder kletternden Pflanzen unterschätzt man häufig das Gewicht. Denken Sie also in jedem Fall an eine stabile Kletterhilfe.

456 **Wie kann man ein Kräutergärtchen hübsch gestalten?**

Pflanzen Sie die Kräuter doch einmal wie einen Steingarten an – an einem sonnigen Abhang, dekoriert mit Gesteinsbrocken und typischen Steingartenpflanzen. Oder setzen Sie die Kräuter in attraktive Terrakottatöpfe oder andere Gefäße und stellen Sie sie auf die Stufen einer Treppe oder an den Rand des Freisitzes. Haben Sie eine große, mit Platten ausgelegte Fläche, etwa eine Terrasse? Entfernen Sie einfach mehrere Platten und pflanzen Sie in die Freiräume die Gewürzkräuter. Sie sehen, es gibt einige Möglichkeiten, mit Kräutern zu gestalten. Und wenn Sie Ihrer Phantasie freien Lauf lassen, fallen Ihnen sicher noch viele andere dekorative Gestaltungsideen ein.

457 **Bekannte haben in ihrem kleinen Garten eine Kräuterspirale, die nicht nur hübsch aussieht, sondern den verschiedenen Arten auch optimale Bedingungen bieten soll. Wie legt man eine solche Spirale an?**

Für die Spirale baut man aus Ziegelsteinen, besser noch aus Bruchsteinen, eine spiralförmige Trockenmauer ohne Mörtel nach dem Prinzip eines Schneckenhauses. Unten läuft die Spirale flach aus, in der Mitte sollte sie nicht höher als 80 cm sein.

In das Innere füllt man unten groben Kies oder Schotter, darauf kommt ein mageres Gemisch aus Erde, Kompost und Sand.

Im obersten Teil sollte die Erde besonders mager sein – also nochmals Sand untermischen. Hier pflanzt man die besonders sonnenhungrigen Kräuter wie Rosmarin, Lavendel, Thymian. In kühleren Regionen kann man vor allem Rosmarin auch im Topf lassen und vor Einbruch der Fröste hereinholen.

Im flachen Teil der Spirale darf die Erde nahrhafter sein. Man reichert sie mit Kompost an und pflanzt hier jene Kräuter, die mehr Nährstoffe benötigen wie z. B. Boretsch oder Schnittlauch.

Im übrigen setzt man alle sonnenhungrigen Kräuter auf die Sonnenseite der Spirale, die eher halbschatten- und schattenliebenden wie z. B. Pfefferminze, Kerbel, Schnittlauch, Petersilie auf die sonnenabgewandte Seite.

TIP

Ein Nutzgarten soll viel Freude und wenig Arbeit machen. Deshalb sind 300 bis 350 Quadratmeter für eine Familie ausreichend für die Versorgung mit Obst, Gemüse und Kräutern.

DEUTSCHE PFLANZENNAMEN UND SACHREGISTER

Halbfett gesetzte Seitenzahlen verweisen auf Abbildungen

BOTANISCHE PFLANZENNAMEN

Halbfett gesetzte Seitenzahlen verweisen auf Abbildungen

M

N

O

P

R

S

T

V

W

Y

Z

Bildnachweis

Becherer 93, 101, 105
Borens 141
Busek 109
Kordes 129
Lade 185
Leni Hydrokultur 29, 33, 113, 117
Melchert 89
Morgan 85, 149
Nova 177
Reinhard 61, 97, 157, 161, 169, 173
Riedmiller 81
Stehling 25, 65, 121, 137, 181
Strauß 45, 49, 53, 153
Tschakert 57, 73, 125, 145
Welsch 133
Wetterwald 5, 9, 37, 41, 165
Zeltner 69, 77

Zeichnungen von Ushie Farkas-Dorner, Plouray (Frankreich)

ISBN 3 8094 1227 9

Umschlagsgestaltung: Rincon Design und Produktion GmbH, Köln
Fotos: Becherer: S. 93, 101, 105; Borens: S. 141; Busek: S. 109; Kordes: S. 129; Lade: S. 185; Leni Hydrokultur: S. 29, 33, 113, 117; Melchert: S. 89; Morgan: S. 85, 149; Nova: S. 177; Reinhard: S. 61, 97, 157, 161, 169, 173; Riedmiller: S. 81; Stehling: S. 25, 65, 121, 137, 181; Strauß: S. 45, 49, 53, 153; Tschakert: S. 57, 73, 125, 145; Welsch: S. 133; Wetterwald: S. 5, 9, 37, 41, 165; Zeltner: S. 69, 77
Zeichnungen: Ushie Farkas-Dorner
Buchgestaltung: Hubertus Hepfinger, Freising
Redaktion: Halina Heitz, Kirsten Sonntag, Beatrix Heeg
Redaktion für diese Ausgabe: Sabine Kieslich
Herstellung für diese Ausgabe: Eva Kumar

Druck: Alcione, Trento
Printed in Italy

121105720196X817 2635 4453 6271